_____ 님께

감사의 마음을 담아 드립니다.

영혼을 살리는
전도 무릎 기도문

초판 1쇄 발행 2017년 08월 01일
초판 3쇄 인쇄 2025년 03월 10일

지 은 이 | 노진향
펴 낸 이 | 황성연
펴 낸 곳 | 도서출판 청우
등록번호 | 제 2001-000055호
주 문 처 | 하늘물류센타
주　　소 | 경기도 파주시 광탄면 혜음로 883번길 39-32
전　　화 | 031) 947-7777
팩　　스 | 0505) 365-0691
ISBN 978-89-94846-38-5　03230

이책은 저작권법에 의해 보호를 받는 저작물이므로 무단전재 및 복제를 금합니다. 잘못 만들어진 책은 구입하신 서점에서 바꾸어 드립니다.

책 값은 뒤표지에 있습니다

영혼을 살리는

전도 무릎 기도문

Prayers for mission work

| 노진향 지음 |

청우

이 책의 효과적인 사용을 위한 안내

1. 이 책을 참고로 하여 항상 기도하십시오.
2. 기도문 전에 실린 짤막한 글과 말씀을 꼭 마음에 새겨두십시오.
3. 기도문을 읽을 때 마음을 담아 정성껏 기도하십시오.
4. 기도문의 문구가 입에 붙도록 꾸준히 읽으며 기도하십시오.
5. 가슴에 와 닿는 문장이 있으면 그 문장만 계속 반복하여 읽어도 은혜가 됩니다.
6. 기도한 날짜를 체크해보십시오. 이 기도문은 단지 읽기 위한 것이 아니라, 당신의 전도를 실제적으로 돕기 위한 기도문입니다.

7. 실제 전도와 함께하는 기도를 할 때, 전도대상자라는 호칭대신 전도대상자의 이름을 삽입하여 기도하는 것도 좋습니다.
8. 이 책의 맨 뒷면에 마음으로 잉태한 태신자 전도일지가 있습니다. 전도대상자를 선정하여 기록한 후 전도일지를 작성하십시오.
9. 개인기도뿐 아니라 기도모임에서도 이 책을 참고하여 전도의 문을 열어가는 기도를 할 수 있습니다.

전도자의 십계명

1. 나는 기도로 전도를 시작한다.
2. 나는 사명감을 갖고 전도한다.
3. 나는 성령님과 함께 전도한다.
4. 나는 하나님의 사랑으로 전도한다.
5. 나는 열정을 갖고 전도한다.
6. 나는 자신감을 갖고 전도한다.
7. 나는 끈기 있게 전도한다.
8. 나는 전도를 위해 시간의 십일조를 드린다.
9. 나는 전도 시 받는 고난을 기쁨으로 받는다.
10. 나는 힘이 다할 때까지 전도한다.

전도자의 기본적인 습관

1. 누구를 만나든지 철저히 인사하는 습관을 길러라.
2. 불신자를 만나면 전도할 습관을 가져라.
3. 전도를 위하여 상냥하게 말붙이는 습관을 길러라.
4. 주중에 하루를 내서 전도할 수 있는 습관을 길러라.
5. 모든 일을 기쁘고 행복하게 생각하는 습관을 길러라.

전도로 얻는 축복

1. 표현력과 설득력이 향상된다.
2. 부지런하고 명랑한 사람이 된다.
3. 삶의 보람을 갖게 된다.
4. 끈기와 인내심을 기르게 된다.
5. 친절하며 겸손한 사람이 된다.
6. 믿음이 성장하며 체험적인 신앙을 갖게 된다.
8. 물질과 건강의 **축복을** 누리게 된다.

CONTENTS

이 책의 효과적인 사용을 위한 안내 • 004
전도자의 십계명 • 006
전도자의 기본적인 습관 • 007
전도로 얻는 축복 • 007

제1부 전도자의 믿음을 세우는 전도무릎기도문

무관심에 빠지지 않기 위한 기도 : 무관심을 깨뜨리게 하소서 • 014
부르심에 응답을 위한 기도 : 주님의 종이 되게 하소서 • 018
전도할 마음을 갖기 위한 기도 : 전도할 마음을 주소서 • 022
전도의 열정을 위한 기도 : 뜨거운 열정을 품게 하소서 • 026
간절한 기도를 위한 기도 : 간절한 기도가 있게 하소서 • 030
전도자로 쓰임받기 위한 기도 : 주님이 쓰시는 도구가 되게 하소서 • 034
사단과의 영적 싸움을 위한 기도 : 주의 군사가 되게 하소서 • 038
성령의 사람이 되기 위한 기도 : 성령 충만한 사람이 되게 하소서 • 042
믿음의 사람이 되기 위한 기도 : 쓰임 받는 믿음이 되게 하소서_ • 046
각양은사를 받기 위한 기도 : 각양은사를 사모하게 하소서 • 050
순종하는 믿음이 되기 위한 기도 : 순종하게 하소서 • 054
거듭난 언어를 위한 기도 : 거듭난 언어생활이 되게 하소서 • 058
참된 예배를 위한 기도 : 참된 예배자가 되게 하소서 • 062
물질을 깨뜨리기 위한 기도 : 물질을 잘 깨뜨리게 하소서 • 066
말씀의 사람이 되기 위한 기도 : 말씀이 중심이게 하소서 • 070
닳아서 없어지는 삶을 위한 기도 : 닳아서 없어지는 삶이게 하소서 • 074
교회 사랑을 위한 기도 : 교회를 사랑하게 하소서 • 078
게으른 신앙을 깨뜨리기 위한 기도 : 형식적인신앙을 깨뜨리게 하소서 • 082
낮아지기 위한 기도 : 주님의 낮아짐을 닮아가게 하소서 • 086
축복의 사람이 되기 위한 기도 : 축복의 사람이 되게 하소서 • 090
전도출발 전 기도 • 092

제2부 실제전도와 함께하는 전도무릎기도문

준비된 영혼을 만나기 위한 기도 : **준비된 영혼을 붙여주소서** • 096
준비된 영혼을 찾기 위한 기도 : **준비된 영혼을 찾게 하소서** • 100
전도대상자 선정을 위한 기도 : **하늘기쁨의 전도를 하게 하소서** • 104
전도대상자를 가리지 않기 위한 기도 : **가리지 말게 하소서** • 108
태신자로 품기 위한 기도 : **사랑으로 품게 하소서** • 112
관계를 강화시키기 위한 기도 : **정서를 활용할 수 있게 하소서** • 116
영적상태를 분별하기 위한 기도 : **영적상태를 분별하게 하소서** • 120
대화를 잘 나누기 위한 기도 : **참 좋은 대화자가 되게 하소서** • 124
감정을 다스리기 위한 기도 : **감정을 잘 다스리게 하소서** • 128
질문에 대한 답변을 위한 기도 : **지혜로운 답변을 하게 하소서** • 132
전도 동역자를 만나기 위한 기도 : **함께할 동역자를 붙여주소서** • 136
은사 활용을 위한 기도 : **받은 은사를 활용하게 하소서** • 140
칭찬을 위한 기도 : **마음껏 칭찬하게 하소서** • 144
선물을 위한 기도 : **마음을 전할 수 있게 하소서** • 148
식탁교제를 위한 기도 : **식탁교제를 나누게 하소서** • 152
복음전달을 위한 기도 : **복음이 담긴 간증이 되게 하소서** • 156
소그룹으로 인도하기 위한 기도 : **소그룹으로 인도하게 하소서** • 160
포기하지 않기 위한 기도 : **포기하지 말게 하소서** • 164
양모역할을 감당하기 위한 기도 : **양모의 역할을 감당하게 하소서** • 168
선노힐 때 칭찬하기 • 170

제3부 길 잃은 영혼을 위한 전도무릎기도문

교회생활을 중단한 교우를 위한 기도 : **구원의 자리로 돌아오게 하소서** • 172

이단에 미혹된 교우를 위한 기도 : **이단의 무리에서 건져주소서** • 174

믿음의 뿌리를 못 내리는 교우를 위한 기도 : **믿음에서 실족하지 않게 하소서** • 176

혈육의 구원을 위한 기도 : **구원의 문을 열어주소서** • 178

부모님의 구원을 위한 기도 : **천국백성으로 삼아주소서** • 180

남편의 구원을 위한 기도 : **주님을 영접하게 하소서** • 182

자녀의 구원을 위한 기도 : **하늘의 진리를 붙들게 하소서** • 184

실족하여 넘어진 교우를 위한 기도 : **회복의 은혜를 더하소서** • 186

헌금으로 교회를 등진 교우를 위한 기도 : **모든 쓸 것으로 채워주소서** • 188

불화로 교회를 등진 교우를 위한 기도 : **은혜의 사람으로 회복시키소서** • 190

1부

전도자의 믿음을 세우는
전도무릎기도문

✝ 믿음 다듬고 세우기

무관심에 빠지지 말아야한다

노벨평화상 수상자인 엘리위젤Elie Wiesel은 이런 말을 남겼습니다.
"사랑의 반대는 증오가 아니라 무관심이다. 교육의 반대는 무지가 아니라 무관심이다. 아름다움의 반대는 추함이 아니라 무관심이다. 삶의 반대는 죽음이 아니라 삶과 죽음 모두에 대한 무관심이다"
지옥 갈 영혼들을 보고도 그 영혼에 대한 관심과 불쌍히 여기는 마음이 없다면 그것은 극도의 이기주의와 무관심에 빠져있다는 증거입니다. 그런 사람은 교회를 다녀도 자신이 예수님을 믿는 믿음이 있는지 한번쯤 의심해보아야 할 것입니다.

📖 말씀을 의지함

또 이르시되 너희는 온 천하에 다니며 만민에게 복음을 전파하라 믿고 세례를 받는 사람은 구원을 얻을 것이요. 믿지 않는 사람은 정죄를 받으리라

(마가복음 16장 15~16절)

예수께서 나아와 말씀하여 이르시되 하늘과 땅의 모든 권세를 내게 주셨으니 그러므로 너희는 가서 모든 민족을 제자로 삼아 아버지와 아들과 성령의 이름으로 세례를 베풀고 내가 너희에게 분부한 모든 것을 가르쳐 지키게 하라 볼지어다 내가 세상 끝날까지 너희와 항상 함께 있으리라 하시니라

(마태복음 28장 18~20절)

🙏 마음을 담아 정성껏 기도하기

무관심을 깨뜨리게 하소서

사랑의 주님!
지금 저는 구원받은 것으로만 만족하고 영혼구원의 가치를 깨닫지 못하고 있는 것은 아닌지요?
주님께서는 공생애 전부를 전도하시는 일로 보내셨고, 십자가에서 죽으시고 부활하신 후 승천하실 때에도 제자들에게 마지막 유언으로 당부하셨는데, 그동안 저는 해도 되고 안 해도 그만인 것으로 생각하며 영혼에 대하여 무관심했습니다.

주님!
전도를 하지 않는 것은 명백한 죄임을 깨닫고 회개하게 하옵소서.
지금부터라도 제게 주어진 전도의 의무를 성실히 감당할 수 있게 하시고, 하늘나라 시민권을 가진 전권대사로 하나님나라의 확장에 최선을 다할 수

있게 하옵소서.
성령님을 의지하여 잃어버린 영혼을 찾고, 주님의 마음으로 귀한 영혼을 기다리고, 주님의 사람으로 그들을 찾아가 복음을 전할 수 있게 하옵소서.

제가 복음을 전하지 않으면 그만큼 사단의 세력이 강화되고 하나님나라의 역사가 지연된다는 사실을 기억하여, 때를 얻든지 못 얻든지 힘을 다하여 복음을 전할 수 있게 하옵소서.

주님!
제가 전하는 복음은 이 세상의 어떤 기쁜 소식과도 감히 비교할 수 없는 큰 기쁨의 좋은 소식임을 항상 잊지 않게 하옵소서.
예수님의 이름으로 기도합니다. 아멘

기도체크

✝ 믿음 다듬고 세우기

하나님은 일꾼을 찾고 계신다

지금도 하나님은 신실한 일꾼(종)을 찾고 계십니다. 과거나 현재나 신자는 많지만 일꾼이 부족하기 때문입니다.

안타깝게도 기독교 인구는 점점 줄고 있습니다. 현재 우리나라 기독교인구도 급격하게 줄고 있습니다.

교회생활은 있는데 주님과의 생활이 없고, 성경공부는 많이 하는데 주님의 음성을 들으려고 하지 않은 당연한 귀결입니다.

지금 나는 신앙의 연조만을 자랑하고 있는 것은 아닙니까? 하나님이 찾으시고 그분의 명령이 내게 임할 때 우리에게 필요한 것은 이해와 납득이 아니라 순종과 결단입니다.

📖 **말씀을 의지함**

우리가 살아도 주를 위하여 살고 죽어도 주를 위하여 죽나니 그러므로 사나 죽으나 우리가 주의 것이로다(로마서 14장 8절)

내가 그리스도와 함께 십자가에 못 박혔나니 그런즉 이제는 내가 사는 것이 아니요 오직 내 안에 그리스도께서 사시는 것이라 이제 내가 육체가운데 사는 것은 나를 사랑하사 나를 위하여 자기 자신을 버리신 하나님의 아들을 믿는 믿음 안에서 사는 것이라(갈라디아서 2장 20절)

만일 너희 믿음의 제물과 섬김 위에 내가 나를 전제로 드릴지라도 나는 기뻐하고 너희 무리와 함께 기뻐하리니(빌립보서 2장 17절)

🍂 **마음을 담아 정성껏 기도하기**
주님의 종이 되게 하소서

실패한 베드로를 부르시고, 핍박자였던 바울을 부르신 주님!
못난 이 죄인도 부르셔서 주님의 사람으로 세워주심을 감사드립니다.
베드로처럼, 바울처럼 한평생 주님께 매인 자로, 주님만을 위해 살다가 주님을 위해 죽을 수 있는 종이 되게 하옵소서.
이 땅을 살아가는 동안 주님의 뜻이 저의 뜻이 되게 하시고, 주님의 삶이 저의 삶이 되게 하시며, 주님의 목적이 저의 목적이 되게 하옵소서.
주님이 찾으셨던 기도의 자리를 저도 찾을 수 있게 하시고, 주님이 만나셨던 헐벗고 굶주린 영혼들을 저도 만날 수 있게 하옵소서.
 주님이 받으셨던 고난을 저도 받을 수 있게 하시고, 주님이 받으셨던 조롱과 핍박을 저도 받을 수

있게 하옵소서.

주님이 지셨던 십자가를 저도 질 수 있게 하시고, 주님이 오르신 골고다의 언덕길을 저도 오를 수 있게 하옵소서.

주님!

주님이 저를 피로 값 주고 사셨사오니 저는 주님의 종입니다. 종의 입장에서 주인의 말씀 따르기를 항상 힘쓰게 하시고, 주님이 메어주신 멍에를 기쁨으로 짊어지게 하옵소서.

주님!

한평생 주님께 매인자로서 주를 향한 저의 각오와 결심이 흔들리지 않기를 원합니다. 성령님이 이끄시옵소서.

예수님의 이름으로 기도합니다. 아멘

기도체크

✝ 믿음 다듬고 세우기
전도가 힘든 이유가 있다

전도가 힘든 이유는 솔직히 말해서 전도할 마음이 없기 때문입니다.
사람은 마음만 있으면 반드시 그것에 관심을 갖게 되어 있습니다.
전도할 마음이 없다보니 영혼에 대한 관심이 없게 되고, 영혼에 대한 관심이 없다보니 굳이 전도를 해야 한다는 영적인 부담을 느끼지 않습니다.
영적인 부담을 느끼지 않으니 교회생활은 있는데 주님과의 생활이 없고, 입으로는 '부름 받아 나선 이 몸 어디든지 가오리다' 찬송하면서도 아무데도 가려고 하질 않는 겁니다.
다른 것도 마찬가지겠지만 전도하는 것도 순전히 마음먹기에 달렸습니다.

📖 말씀을 의지함

너희 안에 이 마음을 품으라 곧 그리스도 예수의 마음이니(빌립보서 2장 5절)

이르시되 우리가 다른 가까운 마을들로 가자 거기서도 전도하리니 내가 이를 위하여 왔노라 하시고 이에 온 갈릴리에 다니시며 그들의 여러 회당에서 전도하시고 또 귀신들을 내쫓으시더라
(마가복음 1장 38~39절)

너는 말씀을 전파하라 때를 얻든지 못 얻든지 항상 힘쓰라 범사에 오래 참음과 가르침으로 경책하며 경계하며 권하라(디모데후서 4장 2절)

🍁 마음을 담아 정성껏 기도하기
전도할 마음을 주소서

생명이 되신 주님!
입술의 고백만 앞세우고 여전히 육신의 일에만 얽매여 바삐 움직이는 제 모습이 부끄럽기만 합니다. 언제나 육신의 굴레를 벗어나지 못하는 나약한 제 믿음을 꾸짖어 주옵소서.

주님!
주님의 마음이 저의 마음이 되기를 소원합니다. 주님의 관심이 저의 관심이 되기를 소원합니다.
저에게 전도할 마음을 주셔서 구원받아야할 영혼들을 찾아다니신 주님의 열심을 닮아갈 수 있게 하옵소서.

항상 주님의 은혜와 사랑을 잊지 않고 제 모든 것을 깨뜨려 영혼을 구원하는 일에 마음을 쏟을 수 있게 하시고, 전도의 열매를 맺는 믿음으로 주님을 기쁘시게 해드리는 삶이 되게 하옵소서.
혹 전도할 마음이 식어질 때마다 성령의 매로 강하게 매질하여 주시고, 핑계를 앞세워 순종의 자리를 피할 때마다 검 같은 주님의 말씀으로 강하게 책망하여 주옵소서.

주님!
무수히 많은 땀방울이 떨어지고 그 숱한 상처들을 받는다 할지라도 언제나 전도자의 자리에 있는 것을 기뻐할 수 있기 원합니다.
한 영혼이라도 주님께로 돌아오는 것을 보며 성령의 능력과 하늘의 위로를 맛보는 전도자의 삶이되기를 소망합니다.
예수님의 이름으로 기도합니다. 아멘

기도체크

✝ 믿음 다듬고 세우기
열정에 사로잡혀야 한다

불이 불을 붙일 수 있듯이, 우리가 영혼을 구원하는 전도자로 쓰임 받으려면 먼저 전도하는 자의 마음이 영혼구원을 위한 열정에 사로잡혀 있어야합니다.

전도하는 자가 영혼구원에 대한 열정이 없이 전도한다면 아무리 탁월한 전도방법을 동원해도 불신자의 마음에 예수님을 믿고자 하는 구원의 불을 지필 수 없습니다.

또한, 전도는 반드시 인도하시는 성령님이 함께해주셔야만 합니다.

그러므로 전도자의 열정이 메말라 있는 전도에는 성령님도 함께하시지 않습니다.

📖 말씀을 의지함

내가 다시는 여호와를 선포하지 아니하며 그의 이름으로 말하지 아니하리라 하면 나의 마음이 불붙는 것 같아서 골수에 사무치니 답답하여 견딜 수 없나이다(예레미야 20장 9절)

그들이 서로 말하되 길에서 우리에게 말씀하시고 우리에게 성경을 풀어주실 때에 우리 속에서 마음이 뜨겁지 아니하더냐 하고(누가복음 24장 32절)

나의 형제 곧 골육의 친척을 위하여 내 자신이 저주를 받아 그리스도에게서 끊어질지라도 원하는 바로라(로마서 9장 3절)

 마음을 담아 정성껏 기도하기

뜨거운 열정을 품게 하소서

사랑의 주님!
주님이 한 영혼을 향한 강한 열정을 품으셨기에 나 같은 죄인이 구원받은 하나님의 자녀가 된 것을 믿습니다.
구원과 생명이 되시는 주님께 감사의 고백을 드리오니 언제나 사모하는 마음으로 주님의 이름을 높이 부르는 삶이 되게 하옵소서.

주님!
이 못난 죄인도 주님을 본받아 영혼을 향한 열정을 품고 전도자의 삶을 살기를 간절히 소망합니다.
그동안 아무것도 하지 않으려고 했고, 아무데도 가지 않으려고 했던 부끄러움을 반성하며 회개하오니 용서하여 주시고, 주님처럼 열정을 품고 복음을 전하는 전도자의 삶이 되도록 이끌어 주옵소서.

영혼을 사랑하되 가리지 않고 사랑할 수 있게 하시고, 더 많은 영혼을 사랑함으로 그들에게 주님의 십자가의 사랑이 제 삶을 통하여 확실히 증거 될 수 있게 하옵소서.

주님!
뭇 영혼을 향한 주님의 열정이 저의 열정이 되기를 원합니다. 한 영혼이라도 더 구원받기를 원하셨던 주님의 간절함이 저의 간절함이 되기를 원합니다. 감당하기 힘든 자기희생이 뒤따를지라도 모든 것을 깨뜨리신 주님의 형상을 닮아갈 수 있게 하옵소서. 예수님의 이름으로 기도합니다. 아멘

기도체크

✝ 믿음 다듬고 세우기
간절한 기도가 있어야 한다

영혼을 위하여 기도할 마음이 없는 사람은 전도할 마음도 없는 사람입니다.

시대 시대마다 영혼구원을 위하여 몸부림쳤던 사람들은 한결같이 영적인 부담을 안고 하나님을 찾았던 기도의 사람들이었습니다.

전도와 기도는 동전의 양면과도 같습니다. 예수님이 지상사역을 감당하실 때 습관을 좇아 기도하신 것이 이를 잘 보여주고 있습니다.

주님은, 영혼을 사랑하는 간절한 기도가 없는 사람에게 천하보다 더 귀한 영혼을 붙여주시지 않습니다.

그러므로 전도자에게는 항상 영혼을 위하여 마음을 쏟고 영혼을 쏟을 수 있는 기도가 있어야 합니다.

말씀을 의지함

나는 너희를 위하여 기도하기를 쉬는 죄를 여호와 앞에 결단코 범하지 아니하고 (사무엘상 12장 23절)

여호와여 내가 주를 불렀사오니 속히 내게 오시옵 소서 내가 주께 부르짖을 때에 내 음성에 귀를 기울 이소서 나의 기도가 주의 앞에 분향함과 같이 되며 나의 손드는 것이 저녁 제사 같이 되게 하소서

(시편 141편 1~2절)

눈물을 흘리며 씨를 뿌리는 자는 기쁨으로 거두리 로다 울며 씨를 뿌리러 나가는 자는 반드시 기쁨으 로 그 곡식 단을 가지고 돌아오리로다

(시편 126편 5~6절)

🍂 마음을 담아 정성껏 기도하기
간절한 기도가 있게 하소서

사랑의 주님!
세상에 계실 때도 무시로 기도하셨고, 지금도 하늘 보좌 우편에서 연약한 이 죄인을 위하여 중보의 기도를 하고 계실 주님을 생각하며, 제가 무엇에 힘써야 하는지를 다시 한 번 깨닫습니다.

주님!
기도의 주님을 본받기 원합니다. 그동안 어두운 영적 현실을 직시하여 깨어있지 못했던 것을 안타까워하며 주님께 눈물로 부르짖을 수 있는 기도의 사람이 되게 하옵소서.
교회가 부흥이 안 되고 전도의 문이 열리지 않는 것도 저의 무릎기도가 실종되었기 때문임을 절감합니다.
이제는 주님의 나라와 그 의를 구하는 부르짖음이

제 입술에서 떠나지 않게 하옵소서.

죄 사함 받아야 할 영혼들을 위하여 시도 때도 없이 기도할 수 있게 하시고, 기도할 때마다 생명의 주님을 전하며 살겠다는 저의 다짐이 공허한 외침으로만 그치지 않게 하옵소서.

더욱이 전도는 성령의 나타남과 하나님의 능력으로만 가능하기에 성령 충만한 전도자가 되기 위하여 기도하기를 쉬는 죄를 범하지 않게 하옵소서.

저의 간절함이 배어있는 기도생활이 강퍅한 영혼들이 주님께로 돌아오게 하는데 큰 울림이 되게 하옵소서.

빛을 잃은 이 세대에 구원의 빛, 생명의 빛을 비추는 주님의 제자가 되기를 원하오며, 예수님의 이름으로 기도합니다. 아멘

기도체크

✝ 믿음 다듬고 세우기
하나님은 사람을 쓰신다

전도할 때에 우리는 방법이 좋아야 한다고 생각할 수 있습니다. 전도가 잘 안 되면 방법에 문제가 있다고 판단합니다.

그러나 주님이 찾고 계시는 것은 방법이 아니고 사람입니다. E.M.바운즈는 "사람들은 프로그램을 찾지만 하나님은 사람을 찾고 계신다"고 했습니다. 사람을 쓰시는 것이 기독교의 특징 중 하나입니다. 오직 주님의 능력을 세상에 잘 드러낼 수 있는 사람을 쓰십니다.

그러므로 전도자는 전도할 방법을 우선하기보다 영혼을 구원하는 전도자로 쓰임 받게 해달라고 자신을 깨뜨리는 것이 우선입니다.

📖 말씀을 의지함

내가 또 주의 목소리를 부르니 주께서 이르시되 내가 누구를 보내며 누가 우리를 위하여 갈꼬 하시니 그 때에 내가 이르되 내가 여기 있나이다 나를 보내소서 하였더니(이사야 6장 8)

말씀하시되 나를 따라오라 내가 너희를 사람을 낚는 어부가 되게 하리라 하시니 그들이 곧 그물을 버려두고 예수를 따르니라(마태복음 4장 19~20절)

그러나 너는 모든 일에 신중하여 고난을 받으며 전도자의 일을 하며 직무를 다하라(디모데후서 4장 4절)

🍂 마음을 담아 정성껏 기도하기
주님이 쓰시는 도구가 되게 하소서

전도의 생애를 사셨던 주님!
한없이 부족한 저에게도 전도할 수 있는 기회를 주심을 감사드립니다. 전도의 삶을 사신 주님을 본받아 영혼을 구원하는 일에 온 맘과 온 정성을 쏟을 수 있는 전도자의 삶이 되게 하옵소서.

주님!
그동안 전도를 하면서 결실을 맺지 못할 때마다 방법에 문제가 있는 것으로 생각할 때가 많았습니다. 하지만 주님은 방법보다 사람을 쓰신다는 것을 깨달으며, 제 자신이 영혼을 구원하는 도구로 쓰임 받기에 합당한 모습이었는지 다시금 돌이켜 봅니다.
이제는 제 자신을 온전히 깨뜨려 주님의 도구로 쓰임 받는 데 마음을 쏟을 수 있게 하옵소서.

언제라도 주님이 쓰시기에 합당한 일꾼이 되기 위하여 주님의 음성듣기를 즐거워할 수 있는 삶이 되게 하옵소서.

주님과 같이 더 많이 엎드리는 것이 저의 믿음의 좋은 습관이 되게 하셔서 주님의 마음을 헤아리며 사는 깊은 은혜도 누릴 수 있게 하옵소서.
그리하여 하나님의 어리석음이 사람보다 지혜롭고, 하나님의 약하심이 사람보다 강하다는 것을 보여줄 수 있는 전도의 사람이 되게 하옵소서(고전 1:25).

전도할 일꾼이 부족한 때에 주신사명 감당하기를 원하오며 예수님의 이름으로 기도합니다. 아멘

기도체크

✝ 믿음 다듬고 세우기

사단과의 영적 싸움이다

그리스도인의 최대의 적은 사단입니다.
사단의 최종목표는 하나님의 세계 안에 자기의 왕국을 우뚝 세우는 것입니다.
하나님나라의 그림자인 교회 안에서도 자기의 나라를 세우려하고 있습니다.
여기서 한 발자국 더 나아가 이미 하나님의 백성이 된 성도들의 심령 안에도 자기의 왕국을 견고히 세워나가고 있습니다.
그러므로 사단의 궤계를 가볍게 여기면 사단의 밥이 될 수밖에 없습니다.
전도는 엄밀히 말하면 사단과의 치열한 영적싸움임을 잊지 말아야할 것입니다.

📖 **말씀을 의지함**

마귀의 간계를 능히 대적하기 위하여 하나님의 전신 갑주를 입으라 우리의 씨름은 혈과 육을 상대하는 것이 아니요 통치자들과 권세들과 어둠의 세상 주관자들과 하늘에 있는 악의 영들을 상대함이라
(에베소서 6장 11~12절)

근신하라 깨어라 너희 대적 마귀가 우는 사자 같이 두루 다니며 삼킬 자를 찾나니
(베드로전서 5장 8절)

그런즉 너희는 하나님께 복종할지어다 마귀를 대적하라 그리하면 너희를 피하리라
(야고보서 4장 7절)

🙏 마음을 담아 정성껏 기도하기
주의 군사가 되게 하소서

사단을 멸하시려고 이 땅에 오신 주님!
사단을 능히 대적하는 주의군사가 되기 위하여 기도합니다. 세상은 점점 더 악해져 가고 있고, 주의 백성을 유혹하는 사단의 무리는 갈수록 극성을 부리고 있음을 피부로 느낍니다.
이미 수많은 주의 백성들이 사단의 궤계에 넘어가고 있고, 주님을 멀리하고 있습니다.

이처럼 사단은 우는 사자와 같이 두루 다니며 삼킬 자를 찾고 있사오니, 이러한 사단을 능히 대적하기 위하여 하나님의 전신갑주를 입게 하옵소서.
틈을 비집고 들어오는 사단에게 영적인 틈을 보이지 않기 위하여 철저하게 말씀으로 무장하고, 쉼임없이 기도에 힘쓰며, 겸손으로 허리를 동이는 믿음의 삶이 되게 하옵소서.

또한, 사단이 좋아하는 것이라면 철저히 눈을 가리고 귀를 막을 수 있게 하시고, 사단이 싫어하는 것이라면 힘을 다하여 사단의 사기를 땅에 떨어뜨리는 주의 제자가 되게 하옵소서.

주님!
사단이 두려워 떠는 성도, 사단이 두려워 떠는 교회를 세워나갈 수 있는 주의군사가 되기를 원합니다. 지옥 같은 사람들의 심령을 성령의 능력으로 변화시킬 수 있는 성령의 사람이 되기를 원합니다. 항상 근신하고 깨어 있음으로 영적인 준비를 철저히 할 수 있게 하옵소서.
예수님의 이름으로 기도합니다. 아멘

기도체크

✝ 믿음 다듬고 세우기
전도는 성령이 이루신다

아더 핑크A.W.Pink는 "주님께서 자신의 은혜 가운데서 우리 속에 어떠한 역사를 베푸시는지 그 모든 역사는 반드시 성령의 의하여 이루어지는 것이다"라고 말했습니다.

주님께서 이루고자 하시는 모든 일이 성령님을 통해서 이루어진다는 의미입니다.

그렇다면 영혼을 구원하는 일을 하겠다는 사람이 성령님을 의지하지 않는다면 그보다 어리석고 한심스러운 일도 없을 것입니다.

예수님도 승천하시기 전 마지막 강론을 성령님에 대한 말씀으로 채우셨음을 유의해야 합니다.

📖 말씀을 의지함

세월을 아끼라 때가 악하니라 그러므로 어리석은 자가 되지 말고 오직 주의 뜻이 무엇인가 이해하라 술 취하지 말라 이는 방탕한 것이니 오직 성령으로 충만함을 받으라(에베소서 5장 16~18절)

내 말과 내 전도함이 설득력 있는 지혜의 말로 하지 아니하고 다만 성령의 나타나심과 능력으로 하여 (고린도전서 2장 4절)

오직 성령이 너희에게 임하시면 너희가 권능을 받고 예루살렘과 온 유다와 사마리아와 땅 끝까지 이르러 내 증인이 되리라 하시니라

(사도행전 1장 8절)

🌷 마음을 담아 정성껏 기도하기

성령 충만한 사람이 되게 하소서

은혜의 주님!
"너희가 믿을 때에 성령을 받았느냐"(행19:2)는 말씀이 제 마음에 큰 울림이 됩니다. 과연 나는 성령의 사람인지 스스로 자문해 봅니다.
이제껏 성령 충만한 삶을 살기보다 성령님을 근심시키는 삶을 산 것 같아 주님 앞에 부끄러움이 앞섭니다. 이 죄인을 용서하여 주옵소서.

주님!
성령으로 하지 아니하고는 그 어떤 것도 주님의 일을 온전히 이룰 수 없음을 다시금 깨닫습니다.
성령의 사람이 되기를 소원하며 간구하오니 저에게 성령의 충만을 허락하여 주옵소서.
성령으로 충만한 사람이 되기 위하여 날마다 겸손한 마음으로 주님을 의뢰할 수 있게 하옵소서.

그리하여 저를 통하여, 성령님이 일하고 계심을 경험하는 삶이 되게 하여 주시고, 제가 생각할 수 없는 방법을 통해서도 일하시며, 제가 감히 생각할 수 없는 결과를 이루시는 성령님의 능력을 경험하는 삶이 되게 하옵소서.

주님!
영혼을 구원하는 전도역시 내 힘으로 하는 것이 아니라 전적인 하나님의 역사요 성령님의 일하심으로 되는 것임을 믿습니다.
언제나 성령님을 의지함으로 전도할 때, 기쁨과 평강과 소망으로 채우시는 성령님을 경험하는 전도현장이 되게 하옵소서.
예수님의 이름으로 기도합니다. 아멘

기도체크

✝ 믿음 다듬고 세우기

믿음의 사람을 쓰신다

하나님이 붙드시고 쓰시는 사람은 혈통이나 배경을 떠나서 믿음에 있다는 것을 갈렙의 경우를 통해서 발견할 수 있습니다.

그는 이스라엘백성들에게 반드시 멸망당해야만 할 그니스 족속의 사람이었지만 하나님께 대한 믿음이 확고했기에 이방인임에도 불구하고 하나님께 쓰임받는 걸출한 믿음의 사람이 되었습니다(수 14:6).

아무리 선택받은 히브리사람일지라도 믿음이 없으면 하나님은 쓰시지 않습니다.

그러나 이방인일지라도 믿음이 있는 자는 반드시 하나님이 쓰십니다.

📖 말씀을 의지함

그러나 내 종 갈렙은 그 마음이 그들과 달라서 나를 온전히 따랐은즉 그가 갔던 땅으로 내가 그를 인도하여 들이리니 그의 자손이 그 땅을 차지하리라 (민수기 14장 24절)

우리가 살아도 주를 위하여 살고 죽어도 주를 위하여 죽나니 그러므로 사나 죽으나 우리가 주의 것이로다(로마서 14장 8절)

믿음이 없이는 하나님을 기쁘시게 하지 못하나니 하나님께 나아가는 자는 반드시 그가 계신 것과 또한 그가 자기를 찾는 자들에게 상 주시는 이심을 믿어야 할지니라(히브리서 11장 6절)

🍁 마음을 담아 정성껏 기도하기
쓰임 받는 믿음이 되게 하소서

믿음의 주요 온전케 하시는 주님!
주님이 보실 때 저의 믿음은 어떠한지요? 주님이 저의 믿음의 무게를 달아보신다면 얼마나 되겠는지요?
주님을 믿고 의지하는 저의 삶이라고 하지만 아직도 저의 믿음은 한없이 부족하고 연약한 믿음임을 고백합니다.

주님!
갈렙처럼 큰 믿음을 가진 사람이 되기를 소원합니다. 그 어떤 극한상황 속에서도 주님을 온전히 신뢰함으로 주님을 온전히 따르는 믿음을 앞세울 수 있게 하시고, 도저히 이해하기 힘든 환경 속으로 떠밀릴지라도 주님의 뜻하심과 섭리하심을 조금도 의심하지 않는 믿음의 삶이 되게 하옵소서.

많은 사람이 안 된다고 할지라도 언제나 갈렙처럼 하나님의 편이 되어 주님의 마음을 시원케 해드릴 수 있는 믿음의 사람이 되게 하시고, 어떤 환경이든 담대함으로 주님의 능력을 선포하며 믿음의 담력을 보여줄 수 있는 주의 사람이 되게 하옵소서.

주님!
제 삶에는 오직 주님만이 으뜸이 되기를 원합니다. 주님의 뜻이라면 불속에라도 들어갈 수 있기를 원합니다. 어디서든지, 어느 순간이든지 제게서 주님만이 높임을 받고 주님만이 영광을 받으시는 삶이 되게 하옵소서.
예수님의 이름으로 기도합니다. 아멘

기도체크

✝ 믿음 다듬고 세우기
은사는 선물로 주는 것이다

은사는 신앙의 크기를 재기 위해서 필요한 것이 아닙니다. 은사를 영어성경에서는 선물The gift로 표현하고 있습니다(롬6:23).

주님이 우리에게 은사(선물)를 주시는 것은 다른 사람의 유익을 위하여 선물로 사용하라고 주시는 것입니다.

더 잘 섬기고, 봉사하고, 헌신하면서 생명의 주님을 보여주며 그분을 닮아 가도록 하는데 사용하라고 주시는 것입니다.

우리가 주님이 주신 은사를 잘 활용한다면 더욱 풍성한 것으로 채우시는 주님의 은혜를 경험할 수 있습니다.

말씀을 의지함

온갖 좋은 은사와 온전한 선물이 다 위로부터 빛들의 아버지께로부터 내려오나니 그는 변함도 없으시고 회전하는 그림자도 없으시니라
(야고보서 1장 17절)

너희는 더욱 큰 은사를 사모하라 내가 또한 가장 좋은 길을 너희에게 보이리라
(고린도전서 12장 31절))

각각 은사를 받은 대로 하나님의 여러 가지 은혜를 맡은 선한 청지기 같이 서로 봉사하라 만일 누가 말하려면 하나님의 말씀을 하는 것 같이 하고 누가 봉사하려면 하나님이 공급하시는 힘으로 하는 것 같이 하라 (베드로전서 4장 10~11절)

🕊 마음을 담아 정성껏 기도하기
각양은사를 사모하게 하소서

모든 좋은 것으로 채워주시는 주님!
이 죄인이 주님의 영광을 나타내며 영혼을 구원하는 전도자로 쓰임받기 위하여 각양 좋은 은사를 사모합니다.
주님을 향한 이 죄인의 마음을 기쁘게 보시고, 사모하는 제 마음에 성령의 각양은사로 충만하게 하옵소서.

주님!
제 마음에 사랑의 은사로 충만하게 채워주셔서 저희를 위하여 죽음까지도 기꺼이 받아들이셨던 십자가의 그 사랑을 나타낼 수 있게 하옵소서.
기도의 은사도 충만하게 채워주셔서 주님과 더 깊은 교제를 나누며, 주님이 사랑하시는 자들을 위하여 마음을 쏟아 기도할 수 있게 하옵소서.

말씀의 은사도 충만하게 채워주셔서 송이 꿀보다도 더 단 주의 말씀을 경험하며 그 능력을 세상에 쏟아놓는 증인이 될 수 있게 하옵소서.

주님!
물질의 은사도 충만하게 채워주셔서 주님의 마음을 담아내야 할 곳에 풍성하신 주님의 긍휼을 보여줄 수 있게 하옵소서.
그리하여 주님이 구원하시려는 준비된 영혼을 주께로 인도할 수 있는 사람을 낚는 어부가 되게 하옵소서.
은사를 사모하는 저에게 각양 좋은 은사로 채우실 주님을 찬양합니다.
예수님의 이름으로 기도합니다. 아멘

기도체크

✝ **믿음 다듬고 세우기**

순종하는 것이 믿음이다

순종은 우리의 믿음에 대한 반응이 아니라 하나님의 적극적인 요구입니다.

그러므로 말씀을 많이 아는 것이 믿음이 아니라 한 말씀이라도 순종하는 것이 믿음입니다.

또한 말씀은 듣는 것이 아니라 순종하는 것이며, 순종하는 것이 듣는 것이고 순종치 않는 것은 듣지 않는 것입니다.

순종치 않는 성경공부, 순종치 않고 설교를 듣는 것은 사람을 교만하게 하고 영혼을 파리하게 하며, 남을 판단하게 할 뿐입니다.

하나님의 사람은 순종해야 열매를 맺을 수 있고, 하나님이 감동하시는 영광스러운 인생이 될 수 있습니다.

📖 말씀을 의지함

그가 아들이시면서도 받으신 고난으로 순종함을 배워서 온전하게 되셨은즉 자기에게 순종하는 모든 자에게 영원한 구원의 근원이 되시고

(히브리서 5장 8~9절)

시몬이 대답하여 이르되 선생님 우리들이 밤이 새도록 수고하였으되 잡은 것이 없지마는 말씀에 의지하여 그물을 내리리이다 하고

(누가복음 5장 5절)

믿음으로 아브라함은 부르심을 받았을 때에 순종하여 장래의 유업으로 받을 땅에 나아갈 새 갈 바를 알지 못하고 나아갔으며

(히브리서 11장 8절)

🌷 마음을 담아 정성껏 기도하기
순종하게 하소서

하나님의 의를 이루시기 위하여 십자가에서 죽기까지 복종하신 주님!
주님의 온전하신 순종이 배어있는 십자가를 바라볼 때, 오만하고 자고하였던 제 자신이 부끄럽기만 합니다. 주님을 본받아 살려는 저의 마음이 순종으로 나타날 수 있게 하옵소서.
주님이 순종하심으로 하나님이 영광을 받으시고 기뻐하셨듯이, 저 또한 주님께 순종하는 삶을 살아감으로 주님이 영광을 받으시고 기쁨이 되는 삶이 되게 하옵소서.

주님!
주님께 순종하는 그 중심에는 항상 사랑만이 숨 쉬게 하셔서 봉사와, 섬김과, 충성과 헌신의 행위 속에서 주님이 기뻐하시는 순종의 욕구만 더해질 수

있게 하옵소서.
땅 끝까지 복음을 전하는 사명을 주셨사오니 때를 얻든지 못 얻든지 복음을 전하는데 순종을 드릴 수 있게 하시고, 언제나 즐거운 마음으로 주님이 부탁하신말씀을 준행할 수 있게 하옵소서.

주님의 명령에는 귀신도 순종하고, 자연도 순종하고, 사망도 순종한 것을 봅니다. 나 같은 죄인이 순종치 못할 이유가 전혀 없음을 깨닫습니다.
혹여, 환경을 핑계 삼아 제 중심이 흔들릴 때마다 죽기까지 복종하셨던 주님을 바라볼 수 있게 하옵소서.
예수님의 이름으로 기도합니다. 아멘

기도체크

✝ 믿음 다듬고 세우기

거듭난 언어가 있어야한다

성경은 혀를 지배할 줄 아는 사람이야말로 '성숙한 그리스도인'이라고 말씀하고 있습니다(약 3:2).
예수를 믿으면서도 말 때문에 비웃음을 받고, 온몸에 굴레를 씌우는 사람들이 너무 많습니다.
오늘날 복음전도의 능력을 상실한 이유 중에 하나도 성화되지 못한 우리의 언어습관이 바뀌지 않고 있기 때문입니다.
예수를 믿음으로 거듭난 그리스도인이라면 언어도 거듭난 언어를 사용하기에 힘써야 합니다.

📖 말씀을 의지함

여호와여 내 입술에 파수꾼을 세우시고 내 입술의 문을 지키소서(시편 141편 3절)

선한 말은 꿀송이 같아서 마음에 달고 뼈에 양약이 되느니라(잠언 16장 24절)

너희 말을 항상 은혜가운데서 소금으로 맛을 냄과 같이 하라 그리하면 각 사람에게 마땅히 대답할 것을 알리라(골로새서 4장 6절)

무릇 더러운 말은 입 밖에도 내지 말고 오직 덕을 세우는 데 소용되는 대로 선한 말을 하여 듣는 자들에게 은혜를 끼치게 하라(에베소서 4장 29절)

🦋 **마음을 담아 정성껏 기도하기**

거듭난 언어생활이 되게 하소서

사랑의 주님!
삶에 지친 영혼들에게 생명의 언어, 축복의 언어로 산 소망을 주신 주님을 찬양합니다.
저의 언어생활도 주님처럼 생명의 언어, 축복의 언어가 되기 위하여 기도합니다. 저의 생각과 마음에 성령의 기름을 부어주옵소서.
거듭난 그리스도인답게 거듭난 언어를 사용할 수 있게 하셔서 만나는 사람마다 좋은 대화를 나눌 수 있게 하시고, 위로와 용기를 심어줄 수 있게 하옵소서.

또한, 복음의 능력을 나타낼 수 있는 언어가 되기를 원합니다. 그리하여 사람을 변화시키고 그들의 영혼을 주님께로 인도할 수 있는 전도의 문을 열어갈 수 있게 하옵소서.

말의 실수에 빠지지 않기 위하여 항상 엎드려 기도할 수 있게 하시고, 소금으로 맛을 냄같이 은혜로운 언어의 훈련을 게을리 하지 않게 하옵소서.

또한, 한 입으로 찬송과 저주가 나오지 않게 하기 위하여, 언제나 말씀의 도가니에 혀를 담금질 할 수 있게 하시고, 성령 충만한 입술이 되기 위하여 주님의 보혈을 의지할 수 있게 하옵소서.

천사의 말을 하는 사람도 사랑이 없으면 아무 소용이 없다고 하였사오니, 사랑이 듬뿍 담긴 언어가 되기 위하여 주님의 십자가의 사랑을 바라볼 수 있게 하옵소서.

언제나 주님께 기쁨을 드리는 입술의 열매를 맺기 원합니다.

예수님의 이름으로 기도합니다. 아멘

기도체크

✝ 믿음 다듬고 세우기

참된 예배를 세워야한다

우리는 지금 예배가 허물어진 시대에 살고 있습니다. 습관적인 지각, 수시로 스마트폰을 들여다보며, 예배가 끝나자마자 기다렸다는 듯이 황급히 예배당을 빠져나가는 행동 등은 우리의 교회생활에서 그리 낯설지 않은 모습들입니다.

전도는 사단의 권세아래 놓인 타락한 영혼들에게 예수 그리스도만이 유일한 소망임을 증거 하는 것이고, 주님 앞으로 나오면 예배를 통하여 하나님과의 새로운 만남을 갖게 하고, 영광스러운 예배의 축복을 누리게 하는 것입니다.

그러므로 교회는 예배가 상실되면 전도해야할 의미도 없습니다.

📖 말씀을 의지함

너는 마음을 다하고 뜻을 다하고 힘을 다하여 네 하나님 여호와를 사랑하라(신명기 6장 5절)

아버지께 참되게 예배하는 자들은 영과 진리로 예배할 때가 오나니 곧 이 때라 아버지께서는 자기에게 이렇게 예배하는 자들을 찾으시느니라
(요한복음 4장 23절)

그러므로 형제들아 내가 하나님의 모든 자비하심으로 너희를 권하노니 너희 몸을 하나님이 기뻐하시는 거룩한 산 제물로 드리라 이는 너희가 드릴 영적 예배니라(로마서 12장 1절)

🍁 마음을 담아 정성껏 기도하기
참된 예배자가 되게 하소서

참된 예배자를 찾고 계시는 주님!
그리스도인들의 영적 상태가 무너지면서 주님께 드리는 예배도 차츰 형식화되어가고 있는 이때에, 참된 예배자가 되기 위하여 기도합니다.
저로 하여금 예배를 위하여 부름을 받은 주님의 백성답게 영과 진리 안에서 참되게 예배할 수 있는 예배자가 되게 하여 주옵소서.
주님께 예배를 드릴 때마다 참된 회개가 고백되어지고, 하나님의 임재하심을 기다리며, 성령의 충만함을 사모하는 예배를 드릴 수 있게 하여 주옵소서.
찬송을 부를 때마다 샘솟는 기쁨이 넘쳐나게 하시며, 말씀을 들을 때마다 심령의 뜨거움을 경험하며, 기도할 때마다 거룩한 다짐을 주님께 드리는 예배를 드릴 수 있게 하옵소서.

제 삶의 중심이 예배가 되게 하시고, 예배의 정신으로 하루하루를 살아가며, 예배하기 위해서 일주일을 살아갈 수 있는 예배자가 되게 하여 주옵소서.

어떤 어려움이 있어도 예배를 포기하는 일이 없게 하시며, 항상 하나님께 예배함이 제 삶의 최우선순위가 될 수 있게 하옵소서.

주님!

하나님께 드리는 거룩한 예배가 길 잃은 영혼들도 주님의 구원을 경험하는 은혜의 통로가 되기를 원합니다.

삶에 지친 영혼들이 위로를 받고, 사단에게 결박당한 영혼들이 놓임을 받으며, 치유를 받아야 할 영혼들이 회복되는 축복의 통로가 되기를 소망합니다.

예수님의 이름으로 기도합니다. 아멘

기도체크

✝ 믿음 다듬고 세우기
물질을 깨뜨릴 수 있어야한다

리차드 포스터Richard Foster는 그가 쓴 『돈. 섹스. 권력』이란 책에서 돈에는 영적인 의미가 있다고 했습니다.

돈의 배후에는 영적인 세력이 있다는 것입니다. 즉 신神이 있다는 것입니다.

예수님도 재물이 하나님처럼 섬김의 대상이 될 수 있다는 것을 말씀하셨습니다(눅16:13).

즉, 돈신神입니다. 그래서 돈신은 우상중에 최고의 우상이 될 수 있다는 겁니다.

하나님을 섬기면서도 여전히 물질에 대한 애착심이 강하면 그 사람은 하나님보다 돈신의 지배를 받고 있다고 보아야 할 것입니다.

📖 말씀을 의지함

집 하인이 두 주인을 섬길 수 없나니 혹 이를 미워하고 저를 사랑하거나 혹 이를 중히 여기고 저를 경히 여길 것임이니라 너희는 하나님과 재물을 겸하여 섬길 수 없느니라

(누가복음 16장 13절)

돈을 사랑함이 일만 악의 뿌리가 되나니 이것을 탐내는 자들은 미혹을 받아 믿음에서 떠나 많은 근심으로써 자기를 찔렀도다

(디모데전서 6장 10절)

주라 그리하면 너희에게 줄 것이니 곧 후히 되어 누르고 흔들어 넘치도록 하여 너희에게 안겨 주리라

(누가복음 6장 38절)

🍂 마음을 담아 정성껏 기도하기
물질을 잘 깨뜨리게 하소서

모든 것의 주인 되시는 주님!
물질의 주인은 하나님이심을 믿습니다. 저에게 있는 물질은 하나님의 영광을 위하여 잘 선용하라고 주신 것임을 믿고 고백합니다.
많고 적음을 떠나서 주님의 나라와 그 의를 위하여 잘 깨뜨릴 수 있는 믿음의 삶이 되게 하옵소서.

주님을 위하여 향유가 담긴 옥합을 아낌없이 깨뜨렸던 마리아의 믿음이 저에게 있게 하시고, 교회를 위하여 자신의 밭도 기꺼이 팔아서 드렸던 바나바의 믿음이 저에게 있게 하옵소서.
또한 초대교회 성도들처럼, 어려운 이웃을 위하여 재산과 소유도 팔아 나눌 수 있는 믿음의 삶이 저에게 있게 하옵소서.
주님이 그러셨듯이, 드리면 드릴수록 더 드리고 싶

은 마음만 앞서게 하시고, 드리고 또 드려도 항상 만족함을 모르는 거룩한 욕구가 제 마음 속에서 떠나지 않게 하옵소서.

제가 돈의 지배를 받는 것이 아니라, 주님의 지배를 받고 있음을 물질을 잘 깨뜨리는 것으로 보여줄 수 있게 하시고, 돈 때문에 사는 것이 아니라, 하나님의 은혜로 먹고 사는 것임을 보여줄 수 있는 믿음의 삶이 되게 하옵소서.

특히, 길 잃은 영혼을 위하여 사용하는 물질이 주님이 보시기에 거룩한 낭비가 되게 하셔서 많은 영혼이 주님께로 돌아오는 축복을 누리게 하옵소서.

예수님의 이름으로 기도합니다. 아멘

기도체크

✝ 믿음 다듬고 세우기
말씀으로 사는 존재이다

사람은 빵으로만 사는 존재가 아니라 하나님의 입에서 나오는 말씀으로 사는 존재입니다. 하나님의 말씀은 우리 삶의 레일Rail of life 입니다.

기차는 레일 위를 달릴 때는 자유롭지만 레일을 떠나면 대형사고가 일어날 수 있습니다.

그러므로 기차에게 레일은 부담이 아닙니다. 레일이 있기 때문에 안전하게 갈 수 있습니다.

우리의 삶에 말씀은 부담이 아닙니다. 말씀이 우리 인생의 레일이 되어야 우리는 보호를 받고, 주님의 인도를 받으며 안전한 인생을 살 수 있습니다.

하나님 앞에 영원히 남는 비결은 말씀밖에 없습니다.

📖 말씀을 의지함

사람이 떡으로만 사는 것이 아니요 여호와의 입에서 나오는 모든 말씀으로 사는 줄을 네가 알게 하려 하심이니라 (신명기 8장 3절)

복 있는 사람은 악인들의 꾀를 따르지 아니하며 죄인들의 길에 서지 아니하며 오만한 자들의 자리에 앉지 아니하고 오직 여호와의 율법을 즐거워하여 그의 율법을 주야로 묵상하는도다
(시편 1편 1~2절)

갓난아기들 같이 순전하고 신령한 젖을 사모하라 이는 그로 말미암아 너희로 구원에 이르도록 자라게 하려 함이라 (베드로전서 2장 2절)

🍂 **마음을 담아 정성껏 기도하기**

말씀이 중심이게 하소서

말씀으로 찾아오시는 주님!
주님을 믿는 것은 말씀으로 거듭나서 말씀을 먹고 사는 것임을 믿습니다. 주야로 주님의 말씀을 묵상하며 말씀이 중심이 되는 복된 삶을 살아갈 수 있게 하옵소서.
말씀대신에 꿈과 환상에 붙들리는 일이 없게 하시고, 이상한 신비나 예언 같은 것에 붙들리는 일이 없게 하옵소서.
악인과 의인을 가리는 시금석을 말씀에 두셨사오니, 분초라도 말씀을 멀리 하는 일이 없게 하시고, 항상 말씀에 붙잡혀 있는 인생이 되게 하옵소서.
무엇을 하든지 말씀보다 앞서는 일이 없게 하시고, 어디를 가든지 말씀의 인도함을 받는 삶이 되게 하옵소서.
주님께 간절히 기도할 때에도 말씀을 따라 간구할

수 있게 하시고, 응답을 받을 때에도 말씀을 통하여 주님의 음성을 들을 수 있게 하옵소서.

상처와 아픔이 발생할 때에는 말씀을 통하여 위로를 얻게 하시며, 어렵고 힘들 때에는 말씀을 의지함으로 새 힘을 얻게 하옵소서.

곳곳마다 전도할 때에도 말씀으로 찾아오시는 주님을 경험하게 하시고, 포기하고 싶을 때마다 불붙게 하시는 말씀의 능력을 경험하게 하옵소서.

주님!
항상 저의 삶이 말씀이 중심이도록, 말씀의 능력과 축복을 누릴 수 있게 하옵소서.
예수님의 이름으로 기도합니다. 아멘

기도체크

✝ 믿음 다듬고 세우기
닳아서 없어져야 한다

18세기의 신학자이자 전도자로 살았던 조지 휫필드 George Whitefield는 오직 한 가지 소원을 놓고 기도하며 살다가 주님의 품에 안겼습니다.

"주님! 녹슬어 없어지는 인생이 아니라 주님을 위하여 닳아서 없어지는 인생이 되게 하옵소서."

그의 기도는 지금도 많은 그리스도인들의 마음에 잔잔한 감동과 도전을 주고 있습니다.

구원도 영광스런 구원이 있고 부끄러운 구원이 있습니다(고전3:12~15).

그것은 전적으로 지금 내가 주님의 부름을 받은 자로 어떻게 살고 있느냐에 달려 있습니다.

📖 **말씀을 의지함**

나의 간절한 기대와 소망을 따라 아무 일에든지 부끄러워하지 아니하고 지금도 전과 같이 온전히 담대하여 살든지 죽든지 내 몸에서 그리스도가 존귀하게 되게 하려 하나니(빌립보서 1장 20절)

내가 그리스도와 함께 십자가에 못 박혔나니 그런즉 이제는 내가 사는 것이 아니요 오직 내 안에 그리스도께서 사시는 것이라 이제 내가 육체 가운데 사는 것은 나를 사랑하사 나를 위하여 자기 자신을 버리신 하나님의 아들을 믿는 믿음 안에서 사는 것이라(갈라디아서 2장 20절)

🙏 마음을 담아 정성껏 기도하기
닳아서 없어지는 삶이게 하소서

사랑의 주님!
십자가로 저의 죄를 대신 심판하시고 그 십자가로 저를 살리심을 감사합니다. 그것이 하나님의 의요 사랑임을 깨닫습니다.

주님!
닳아서 없어지는 삶이되기를 소망하며 기도합니다. 바울처럼 어떤 일에든지, 살든지 죽든지 주님이 맡기신 사명을 위하여 닳아서 없어지는 삶이 되게 하옵소서.
어떤 환경과 형편에 처하든지, 주님 앞에서 녹슬어 없어지는 인생이 되지 않기 위하여 항상 기도로 담금질 할 수 있게 하시고, 주님의 음성을 바로 듣기 위하여 항상 말씀으로 제 마음을 제련시킬 수 있게 하옵소서.

어떤 일이든지 주님이 분부하신 명령이라면 가리지 않고 기쁨으로 충성할 수 있게 하시고, 어느 곳에서나 주님을 위하여 받는 괴로움이 있다면 몸을 깨뜨려 고난의 욕구를 충족시킬 수 있게 하옵소서.

특히, 주님이 그토록 바라고 계시는 영혼을 구원하는 일에 닳아서 없어지는 삶이되기를 원합니다.
저의 생각과 마음에 온통 영혼을 구원해야 한다는 간절함만이 자리 잡게 하셔서, 시기와 때를 가리지 않고 힘을 다하여 복음을 전할 수 있게 하옵소서.
많은 사람을 주님께로 돌아오게 하는 데 전제奠祭로 드려지는 삶이되기 원합니다. 오직 주님만이 높임을 받고 존귀함 받기를 원합니다.
예수님의 이름으로 기도합니다. 아멘

기도체크

✝ 믿음 다듬고 세우기

교회를 사랑해야 한다

장로교의 창시자 장 칼뱅은Jean Calvin "교회를 어머니처럼 사랑하지 않으면 하나님을 아버지로 부를 자격이 없다"고 했습니다.

그러므로 교회를 사랑하지 않는 사람은 주님을 사랑한다고 볼 수 없을 것입니다. 주님을 향한 사랑을 방증해 주는 것이 교회를 사랑하는 것이기 때문입니다.

우리가 알듯이 교회는 주님의 몸입니다. 주님이 교회를 통하여 당신의 몸을 이 땅에 두신 것은 사랑으로 서로 종노릇함으로 하나님을 사랑하는 것과 이웃을 사랑하는 것을 세워가도록 하기 위함입니다.

📖 말씀을 의지함

만군의 여호와여 주의 장막이 어찌 그리 사랑스러운지요. 내 영혼이 여호와의 궁정을 사모하여 쇠약함이여 내 마음과 육체가 살아계시는 하나님께 부르짖나이다. 주의 집에 사는 자들은 복이 있나니 그들이 항상 주를 찬송하리이다
(시편 84편 1~2,4절)

이 집은 살아 계신 하나님의 교회요 진리의 기둥과 터니라(디모데전서 3장 15절)

나는 이제 너희를 위하여 받는 괴로움을 기뻐하고 그리스도의 남은 고난을 그의 몸 된 교회를 위하여 내 육체에 채우노라(골로새서 1장 24절)

🦋 **마음을 담아 정성껏 기도하기**
교회를 사랑하게 하소서

교회의 머리되시는 주님!
주님의 몸이신 교회를 더욱 사랑하며 섬기게 하옵소서.
주님을 향한 사랑이 교회를 사랑하며 섬기는 것으로 나타나게 하시고, 교회를 통하여 주님과 한 몸을 이루는 삶이 되게 하옵소서.
주님의 몸이신 교회를 사랑하며 섬기다가 주님의 십자가의 큰 사랑을 경험하는 은혜를 누리게 하시고, 그 큰사랑을 모든 이에게 전하며 사랑의 흔적만 남길 수 있는 삶이 되게 하옵소서.

내 집은 만민이 기도하는집이라고 하였사오니(막 11:17), 교회에 대한 사랑을 기도로 표현할 수 있게 하시고, 더 깊은 기도를 통하여 밤낮으로 기도하셨던 주님의 기도를 본받을 수 있게 하옵소서.

주님의 몸이신 교회를 든든히 세우기 위하여 넘치는 봉사와 헌신도 제물로 드려지게 하셔서, 깨뜨려 드릴수록 기쁨과 감사의 고백만 제 믿음의 흔적으로 남아 있게 하옵소서.

혹여 바라지 않는 고난이 찾아왔을 때 주님의 고난을 체험할 수 있는 은혜로 받게 하셔서, 교회에 남기신 주님의 고난을 기꺼이 제 육체에 채우는 영광을 누릴 수 있게 하옵소서(골 1:24).
교회를 사랑하며 섬기는 것이 땅에 떨어진 한 알의 밀처럼 잘 죽는 모습으로도 나타나기 원합니다. 그리하여 많은 열매를 거두는 은혜를 누리게 하옵소서.
예수님의 이름으로 기도합니다. 아멘

기도체크

✝ 믿음 다듬고 세우기
가장 강한 적은 게으름이다

신앙생활에 가장 무서운 적은 사단마귀입니다. 우리를 그리스도의 사랑에서 끊으려고 하기 때문입니다. 그러나 사단마귀보다 더 강한 적이 있는데 그것은 우리 속에 있는 '게으름'입니다.

어느 무명의 그리스도인은 현대 신앙인을 가리켜 '아무것도 하지 않으려는 병에 걸려 있다'고 했습니다.

지금 우리는 누가 강요한 것도 아닌데 형식적인 신앙생활에 익숙해져 가고 있습니다. 뜨거움도 없고 열정도 없습니다.

그러므로 지금 우리에게 당면한 문제 중에 하나가, 고착화 되어가는 형식적인 신앙을 과감히 깨뜨리는 것입니다.

📖 말씀을 의지함

부지런하여 게으르지 말고 열심을 품고 주를 섬기라(로마서 12장 11절)

그러므로 어디서 떨어졌는지를 생각하고 회개하여 처음행위를 가지라 만일 그리하지 아니하고 회개하지 아니하면 내가 네게 가서 네 촛대를 그 자리에서 옮기리라(계시록 2장 5절)

형제들아 나는 아직 내가 잡은 줄로 여기지 아니하고 오직 한 일 즉 뒤에 있는 것은 잊어버리고 앞에 있는 것을 잡으려고 푯대를 향하여 그리스도 예수 안에서 하나님이 위에서 부르신 부름의 상을 위하여 달려가노라(빌립보서 3장 13~14절)

🍁 마음을 담아 정성껏 기도하기
형식적인신앙을 깨뜨리게 하소서

사랑의 주님!
저의 신앙생활이 형식적인 신앙생활로 기울어지지 않기 위하여 기도합니다.
어둠이 깊을수록 빛은 더욱 선명하게 비추일 수 있다는 사실을 기억하여 생명의 빛, 믿음의 빛을 밝게 비출 수 있는 신앙생활을 할 수 있게 하옵소서.
세상이 원하는 방법대로 끌려가지 않게 하시고, 성령의 능력을 힘입어 세상을 주님이 원하시는 대로 끌고 갈 수 있는 신앙생활을 할 수 있게 하옵소서.

어두운 곳마다 주님의 강한 빛으로 환하게 비출 수 있게 하시고, 그늘진 곳마다 아침의 빛 같은 소망을 심어줄 수 있는 신앙생활을 할 수 있게 하옵소서.
불리하다는 이유로 불의를 용납하는 일이 없게 하

시고, 고난이 따른다는 이유로 진리를 외면하는 일이 없게 하옵소서.
주님께 부름 받은 십자가의 군병답게 담대함을 가지고 힘 있게 전진할 수 있는 신앙생활이 되게 하옵소서.

주님!
주님의 몸 된 교회도 어두운 세상을 밝게 비추일 수 있는 구원의 등대가 되기를 원합니다. 갈급한 영혼들에게 은혜의 단비가 충만하게 내려시는 교회가 되기를 원합니다.
빛을 잃어가는 이 시대에 구원의 빛, 생명의 빛, 소망의 빛을 비출 수 있는 교회가 되게 하옵소서.
예수님의 이름으로 기도합니다. 아멘

기도체크

✝ 믿음 다듬고 세우기

낮아져야만 영혼을 얻는다

교회 안에서는 천사인데 교회 밖에서는 악마가 되는 사람이 있습니다.

교회 안에서는 봉사도 잘하고 믿음이 좋은 사람인데, 교회 밖에서는 사람들이 혀를 내두르는 사람이 있습니다.

신앙인이 삶의 현장에서 아름다움을 보여주지 못하면 결코 사람을 얻을 수 없습니다. 주님에 대하여 마음의 문을 닫습니다.

바울같이 화려한 이력을 가진 사람도 영혼을 구원하기 위하여 스스로 종이 되기를 주저하지 않았습니다.

이것은 오늘 우리가 반드시 닮아가야 할 주님의 제자 된 모습입니다.

📖 말씀을 의지함

내가 모든 사람에게서 자유로우나 스스로 모든 사람의 종이 된 것은 더 많은 사람을 얻고자 함이라 유대인들에게 내가 유대인과 같이 된 것은 유대인을 얻고자 함이요 율법 아래에 있는 자들에게는 내가 율법 아래에 있지 아니하나 율법 아래에 있는 자 같이 된 것은 율법 아래에 있는 자들을 얻고자 함이요 율법 없는 자에게는 내가 하나님께는 율법 없는 자가 아니요 도리어 그리스도의 율법 아래에 있는 자이나 율법 없는 자와 같이 된 것은 율법 없는 자들을 얻고자 함이라 약한 자들에게 내가 약한 자와 같이 된 것은 약한 자들을 얻고자 함이요 내가 여러 사람에게 여러 모습이 된 것은 아무쪼록 몇 사람이라도 구원하고자 함이니

(고린도전서 9장 19~22절)

 마음을 담아 정성껏 기도하기
주님의 낮아짐을 닮아가게 하소서

스스로 낮아지신 주님!
만 가지 죄로 얼룩진 이 죄인이 죄 사함 받은 주님의 자녀가 된 것은 십자가에 달리시기까지 낮아지신 주님의 은혜와 사랑 때문임을 믿습니다.
이 죄인도 주님의 은혜와 사랑을 생각하며 주님의 낮아짐을 닮아가는 삶이되게 하옵소서.
무슨 일을 하거나 무슨 말을 하든지 상대방보다 한 걸음 더 물러설 줄 아는 양보심이 있게 하옵소서.
말 한마디를 하더라도 상대방의 기분을 생각하며 표현할 수 있게 하시고, 상대방의 감정은 헤아리며 말할 수 있는 겸손함이 있게 하옵소서.
상대방을 세워주고 칭찬해주는 것에는 인색함이 없게 하시고, 격려하고 위로하는 것에는 부족함을 느끼지 않게 하옵소서.
내세울 것이 많고, 보여줄 것이 많고, 자랑할 것이

많을지라도, 영혼을 구원하기 위하여 스스로 낮아짐의 삶을 살기에 힘썼던 바울의 삶을 닮아갈 수 있게 하옵소서.

혹여, 이유 없이 비난을 받을 때 자신의 결백을 입증하려 해명할 기회를 찾기보다 상대방을 죄인으로 만들지 않기 위하여 길이 참을 수 있는 인내를 갖게 하옵소서.
사람은 모두가 다르다는 것을 기억하여 항상 용서할 줄 알고, 수용할 줄 알고, 용납할 줄 알고, 품어줄 줄 앎으로, 많은 영혼을 주님께로 인도할 수 있는 삶이 되게 하옵소서.
예수님의 이름으로 기도합니다. 아멘

✝ 믿음 다듬고 세우기
희생이 축복이다

세상이 말하는 복과 성경이 말하는 복은 차이가 있습니다. 세상이 말하는 복을 '행복happiness'이라고 하는데 그 어원이 '우연히 만나다', '우연히 일어나다happen'에서 나왔습니다. 한마디로 말해서 '우연히 일어난 일happening'입니다.

그래서 행복해 보이는 사람도 얼마 있다가 보면 불행해져 있습니다. 행복은 우연이기 때문입니다.

반면 성경이 말하는 복은 그 어원이 '피를 흘리다', '희생하다bleed'에서 나왔습니다. 남들을 위해서 희생하는 것, 피를 흘리는 것이 축복이라는 말입니다.

그러므로 그리스도인은 희생하면 할수록 그것이 축복이 됩니다.

📖 말씀을 의지함

주라 그리하면 너희에게 줄 것이니 곧 후히 되어 누르고 흔들어 넘치도록 하여 너희에게 안겨 주리라 너희가 헤아리는 그 헤아림으로 너희도 헤아림을 도로 받을 것이니라 (누가복음 6장 38절)

내가 진실로 진실로 너희에게 이르노니 한 알의 밀이 땅에 떨어져 죽지 아니하면 한 알 그대로 있고 죽으면 많은 열매를 맺느니라. 자기 생명을 사랑하는 자는 잃어버릴 것이요 이 세상에서 자기 생명을 미워하는 자는 영생하도록 보전하리라

(요한복음 12장 24~25절)

 **마음을 담아 정성껏 기도하기**

축복의 사람이 되게 하소서

사랑의 주님!
주님이 보여주셨던 참된 축복은 사랑과 섬김과 희생이셨음을 발견합니다.
그러나 이 죄인은 그것과는 너무나 동떨어진 삶을 살아왔음을 고백합니다.

사랑받기만을 바랬고, 대우받기만을 바랬고, 섬김받기만을 바랬습니다.
더 많은 것을 가지려고 했고, 더 큰 것을 취하려고 했으며, 더 높은 곳에 올라가기를 좋아했습니다.
주님은 이런 제 모습을 보시며 얼마나 안타까워하셨겠습니까?
주님을 믿으면서도 주님을 닮아가는 흔적이라곤 도무지 찾아볼 수 없는 이 죄인을 꾸짖어주옵소서.

주님!

이제는 주님처럼 더 많이 사랑하고, 더 많이 섬기고, 더 많이 희생하는 삶으로 인도함 받게 하옵소서.

더 많이 가진 것을 자랑하기보다, 더 많이 주는 것을 기뻐할 수 있게 하시고, 더 크고 높은 것을 동경하기보다 더 작고 낮은 것을 소중히 여길 줄 아는 믿음이 되게 하옵소서.

잘 먹고, 잘 입고, 잘 쓰는 것이 삶의 목적이 아니라, 주님처럼 내어주고, 깨뜨리고, 희생하는 것이 삶의 목적이 되게 하옵소서.

이런 저의 삶을 통하여 주님의 아름다운 덕을 선전하며, 많은 사람을 생명의 길로 인도하는, 성령의 능력이 깃드는 삶이 되게 하옵소서.

예수님의 이름으로 기도합니다. 아멘

기도체크

전도출발 전 기도

1. 불신자를 사랑하는 마음으로 전도하게 하옵소서.
2. 사명감을 갖고 전도하게 하옵소서.
3. 성령 충만함으로 전도하게 하옵소서.
4. 친절하고 겸손한 마음으로 전도하게 하옵소서.
5. 끈기 있게 전도하게 하옵소서.
6. 고난과 핍박은 단련시키는 영광으로 알게 하옵소서.
7. 전도 대상자의 마음을 옥토와 같이 준비시켜 주옵소서.
8. 사단의 유혹과 방해로부터 승리하게 하옵소서.

2부

실제전도와 함께하는
전도무릎기도문

✝ 전도 꿀팁(Tip)
준비된 영혼을 만나야 한다

조셉 알드리치Joseph C. Aldrich는 어떤 이웃을 전도 대상자로 선정해야 할 것인지 생각해보지도 않고 전도현장으로 뛰어드는 것은 어부들이 물고기가 있는 곳을 생각해 보지도 않고 무작정 배를 몰고 나가는 것이나 마찬가지라고 했습니다.

그러므로 해도 되고 안 해도 되는 전도가 아니라, 반드시 영혼을 구원하는 전도를 하려면 준비된 영혼을 만나는 것이 중요합니다.

전도가 결실로 이어지지 않는 것은 첫째는, 전도할 마음이 없기 때문이요, 둘째는 전도를 하되 되는대로, 무작정 되는대로 전도하기 때문입니다.

📖 말씀을 의지함

그러나 너희가 진리의 성령이 오시면 그가 너희를 모든 진리 가운데로 인도하시리니 그가 스스로 말하지 않고 오직 들은 것을 말하며 장래 일을 너희에게 알리시리라(요한복음 16장 13절)

또한 우리를 위하여 기도하되 하나님이 전도할 문을 우리에게 열어주사 그리스도의 비밀을 말하게 하시기를 구하라 내가 이 일 때문에 매임을 당하였노라(골로새서 4장 3절)

두아디라 시에 있는 자색 옷감 장사로서 하나님을 섬기는 루디아라 하는 한 여자가 말을 듣고 있을 때 주께서 그 마음을 열어 바울의 말을 따르게 하신지라(사도행전 16장 14절)

🙏 마음을 담아 정성껏 기도하기
준비된 영혼을 붙여주소서

사랑의 주님!
영혼 구원의 결실을 맺기를 소원하시는 주님의 마음을 헤아려 봅니다. 잃은 양 하나를 찾기 위하여 온갖 수고와 고통을 감내하신 주님의 심정을 헤아려봅니다.
자신의 몸을 찢으시고, 보혈의 피를 다 쏟으시기까지 영혼들을 위하여 다 내어주신 주님의 사랑과 희생을 헤아려 봅니다.

주님!
주님의 마음을 품고 전도하기를 원합니다. 제 마음에 영혼구원을 위한 열정이 타오를 수 있도록 불을 붙여 주옵소서.
해도 되고 안 해도 되는 식으로 전도에 임하는 일이 없게 하시고, 구원의 복음을 힘써서 전할 수 있는 전도자가 되게 하옵소서.

주님!
전도는 성령의 나타남과 능력으로만 가능하다는 사실을 깨닫고 있습니다. 준비된 영혼을 붙여주셔야만 영혼구원의 문이 열릴 수 있다는 사실을 믿습니다.
성령님의 인도하심을 받는 전도가 되기 위하여 무릎으로 기도할 수 있게 하시고, 성령의 사람이 되기 위하여 숨 쉬는 순간마다 성령의 충만을 구할 수 있게 하옵소서.
그리하여 빌립 집사에게는 구스의 내시를, 바울에게는 자주 장사 루디아를, 베드로에게는 고넬료를 붙여주신 성령님의 손길이 오늘 저에게도 있게 하여 주옵소서.
예수님의 이름으로 기도합니다. 아멘

기도체크

✝ 전도 꿀팁(Tip)
준비된 영혼은 주변에 있다

우리 주변에 준비된 영혼의 대상이 될 수 있는 사람은 매우 다양합니다.

친구, 부모형제와 가족, 친척들, 처가 및 친정식구, 친분이 있는 이웃집사람들, 얼굴만 아는 이웃사람들, 자주 가는 가게나 최근에 이사 온 사람들, 자녀 친구의 부모, 노인, 배달원, 믿다가 낙심한 사람, 직장동료, 거래처사람들, 주일학교 학부형들을 들 수 있습니다.

이들 모두가 우리에게는 찾아서 주님 앞으로 인도해야 하는 준비된 영혼들입니다.

📖 **말씀을 의지함**

구하라 그리하면 너희에게 주실 것이요 찾으라 그리하면 찾아낼 것이요 문을 두드리라 그리하면 너희에게 열릴 것이니 구하는 이마다 받을 것이요 찾는 이는 찾아낼 것이요 두드리는 이에게는 열릴 것이니라(마태복음 7장 7~8절)

성령이 빌립더러 이르시되 이 수레로 가까이 나아가라 하시거늘 빌립이 달려가서 선지자 이사야의 글 읽는 것을 듣고 말하되 읽는 것을 깨닫느냐 대답하되 지도해주는 사람이 없으니 어찌 깨달을 수 있느냐 하고 빌립을 청하여 수레에 올라 같이 앉으라 하니라(사도행전 8장 29~31절)

 마음을 담아 정성껏 기도하기
준비된 영혼을 찾게 하소서

사랑의 주님!
주변에 준비된 영혼이 될 수 있는 대상이 매우 다양하다는 것을 깨닫습니다.
그들 중에서 주님이 영생을 주시기로 작정된 자를 이미 계획해 놓으신 것을 믿습니다.
저는 알 수도 없고 할 수도 없사오니, 그들을 찾을 수 있는 성령의 감동하심을 제게 주시옵소서.
집을 나간 자녀를 기다리는 부모의 심정으로, 실종된 자녀를 찾아 헤매는 부모의 마음으로 준비된 영혼을 찾기에 힘쓸 수 있게 하옵소서.
제 눈을 열어 그들을 볼 수 있게 하시고, 주님을 영접할 수 있도록 그들의 마음의 문을 두드릴 수 있게 하옵소서.

준비된 영혼을 찾기 위하여 항상 기도에 힘쓰게 하

시고, 기도를 하되 겟세마네 동산에서 쥐어짜내는 기도를 하셨던 주님의 기도를 본받게 하옵소서.

한 영혼을 구원하는 전도에는 항상 간절하고도 열정 있는 기도가 동반되어야 함을 잊지 말게 하셔서, 마음을 쏟고 영혼을 쏟는 기도가 주님의 보좌 앞을 향할 수 있게 하옵소서.

어떤 형편에 놓이든지 영혼에 대한 부담만큼은 사그라지는 일이 없게 하시고, 영혼구원을 위하여 마음을 드리고 몸을 드리는 삶을 살아갈 수 있게 하옵소서.

도우시는 성령님, 인도하시는 성령님, 간절히 바라고 의지하오니 주님이 기뻐하시는 전도의 열매를 꼭 맺을 수 있게 하옵소서.

예수님의 이름으로 기도합니다. 아멘

기도체크

✝ 전도 꿀팁(Tip)
소수 집중해야 한다

전도를 많이 한 사람 중에 자신도 모르는 사이에 우월의식에 사로잡혀서 교만하게 되고, 주님의 영광을 드러내기보다 인간의 누더기 같은 영광을 드러내는 경우가 참으로 많습니다.

이런 전도는 숫자적으로는 교회의 빈자리를 채울 수 있어도 진정한 의미에서 천국의 지경은 한 평도 넓힐 수 없는 전도가 될 수 있습니다.

그러므로 주님을 사랑하고, 교회를 사랑하고, 영혼을 사랑하는 마음으로 전도에 임하려면 인간적인 생각을 버려야 하고 내 욕심에서 비롯된 숫자보다 천국의 지경을 넓힐 수 있는 하늘의 숫자를 더 깊이 생각하며 전도에 임해야만 합니다.

📖 말씀을 의지함

너희 중에 어떤 사람이 양 백 마리가 있는데 그 중의 하나를 잃으면 아흔아홉 마리를 들에 두고 그 잃은 것을 찾아내기까지 찾아다니지 아니하겠느냐
(누가복음 15장 4절)

내가 너희에게 이르노니 이와 같이 죄인 한 사람이 회개하면 하나님의 사자들 앞에 기쁨이 되느니라
(누가복음 15장 10절)

천국은 마치 사람이 자기 밭에 갖다 심은 겨자씨 한 알 같으니 이는 모든 씨보다 작은 것이로되 자란 후에는 풀보다 커서 나무가 되매 공중의 새들이 와서 그 가지에 깃들이느니라
(마태복음 13장 32절)

🍂 마음을 담아 정성껏 기도하기
하늘기쁨의 전도를 하게 하소서

사랑의 주님!
이 죄인에게 주님의 몸 된 교회를 든든히 세우고 천국의 지경을 확장해나가는 복음사역에 동참할 수 있는 은혜를 주시니 감사합니다.
길 잃은 한 마리의 양과 같은 저를 찾아 구원하셨던 주님의 마음을 본받아, 제가 전도할 때도 주님의 마음을 앞세워 전도할 수 있게 하옵소서.

주님!
제가 하는 전도에는 교회문턱이나 밟게 만드는 전도가 없기를 원합니다. 사람의 칭찬이나 들으려고 하는 전도가 없기를 원합니다.
숫자에 민감해하지 않으며, 한 영혼 한 영혼을 소중이 여기고 사랑하며, 주님의 마음을 충분히 담아낼 수 있는 전도를 할 수 있게 하옵소서.

드라크마 하나를 찾기 위하여 등불을 켜고 온 집을 쓸며 찾아 헤맸던 여인처럼, 저도 한 영혼을 찾기 위하여 그와 같은 여인의 심정을 담아낼 수 있게 하옵소서(눅15:8).

죄인 한 사람이 회개하면 하늘에서는 회개할 것이 없는 의인 아흔 아홉으로 기뻐하는 것보다 더하리라고 말씀하였사오니, 제가 하는 전도에도 그와 같은 하늘의 기쁨이 나타날 수 있는 전도가 되게 하옵소서(눅15:7).

언제라도, 인간적인 생각에 이끌리지 않기 위하여 쉬임없이 기도할 수 있게 하시고, 헛된 욕심에 사로잡히지 않기 위하여 오직 성령님만을 의지할 수 있게 하옵소서.

예수님의 이름으로 기도합니다. 아멘

기도체크

✝ 전도 꿀팁(Tip)
가리지 말아야한다

전도하게 되면 누구나 마음 문을 열기 좋은 전도대상자를 만나기를 원할 것입니다.
그래서 전도대상자를 놓고 기도할 때도 은근히 전도하기 편한 대상자를 기대하곤 합니다.
그러나 주님은 길가와 같이 굳은 마음을 가진 자일지라도, 가시떨기와 같이 모난 마음을 가진 자일지라도, 그들에게 하나님나라의 비밀을 심어주기에 마음을 다할 수 있는 전도자를 찾고 계십니다.
우리는 어느 누가 복음을 듣고 회심할 것인지 알 수 없습니다. 가리지 않고 영혼을 품는다면 하나님이 맺어주시는 귀한 결실을 보게 될 것입니다.

📖 말씀을 의지함

시를 뿌리는 자가 그 씨를 뿌리러 나가서 뿌릴새 더러는 길 가에 떨어지매 밟히며 공중의 새들이 먹어버렸고 더러는 바위 위에 떨어지매 싹이 났다가 습기가 없으므로 말랐고 더러는 가시떨기 속에 떨어지매 가시가 함께 자라서 기운을 막았고 더러는 좋은 땅에 떨어지매 나서 백배의 결실을 하였느니라 이 말씀을 하시고 외치시되 들을 귀 있는 자는 들을지어다 (누가복음 8장 5~8절)

너는 말씀을 전파하라 때를 얻든지 못 얻든지 말씀을 전파하기 위하여 항상 힘쓰라
(디모데후서 4장 2절)

🌸 **마음을 담아 정성껏 기도하기**

가리지 말게 하소서

사랑의 주님!
주님은 영혼을 구원하실 때 가리지 않으셨음을 기억합니다.
구원의 대상을 가리지 않고 품으셨기에 나 같은 죄인도 구원받은 하나님의 자녀가 되었음을 믿고 감사를 드립니다.

주님!
저도 영혼을 품고 전도할 때에 가리지 않게 하옵소서. 성령님이 붙여주신 전도대상자라면 그가 어떤 사람이든지 주님께로 인도하기 위하여 전도자의 일을 하며 맡겨주신 직무를 잘 감당하게 하옵소서.
전도대상자의 마음 밭이 길가인지, 바위 위인지, 가시떨기인지, 아니면 좋은 땅인지 제 스스로 판단하여 그들이 복음을 받을 수 있는 기회를 빼앗는 죄를 짓지 않게 하옵소서.
그들이 거부하지 않는 한 설령, 거부할지라도 때를 얻든지 못 얻든지 힘써서 복음의 씨를 뿌림으로 제게 맡기신 전도의 사명을 잘 감당하게 하옵소서.

뿌리고 또 뿌린 것이 열매로 맺혀지지 않을지라도, 뿌린 것은 반드시 거두시는 주님이신 것을 기억하여 영혼의 밭을 기경하는 일을 멈추지 않게 하옵소서.
혹 시련도 있고 걱정도 있을지라도, 그때마다 더욱 성령님을 의지함으로 실족함이 없게 하시고, 주님이 갚아주실 하늘의 상급을 바라보며 끝까지 전도의 사명을 감당 할 수 있게 하옵소서.
예수님의 이름으로 기도합니다. 아멘

기도체크

✝ 전도 꿀팁(Tip)
태신자로 품어야한다

준비된 영혼을 만났으면 전도자는 영적인 산모가 되어 그를 마음으로 품어야 합니다. 준비된 영혼을 나의 마음속에 품는 것은 영적으로 한 영혼을 잉태시킨 것입니다.

그 잉태시킨 영혼을 다른 말로 '태신자'라고 부릅니다. 영적인 산모가 된 전도자는 그가 믿음의 사람으로 거듭나기까지 산모와 같은 마음으로, 지속적인 기도와 사랑의 봉사로 영적인 태교에 힘써야합니다.

물론 긴 시간이 요구될 수도 있고 고통이 뒤따를 수도 있습니다. 그러나 한 영혼이 주님 안에서 새롭게 태어난다는 것을 생각하면 기쁜 마음으로 충분히 감당할 수 있습니다.

📖 말씀을 의지함

곧 하나님이 예수를 일으키사 우리 자녀들에게 이 약속을 이루게 하셨다 함이라 시편 둘째 편에 기록한 바와 같이 너는 내 아들이라 오늘 너를 낳았다 하셨고(사도행전 13장 33절)

그리스도 안에서 일만 스승이 있으되 아버지는 많지 아니하니 그리스도 예수 안에서 내가 복음으로써 너희를 낳았음이라(고린도전서 4장 15절)

내가 너희를 젖으로 먹이고 밥으로 아니하였노니 이는 너희가 감당하지 못하였음이거니와 지금도 못하리라(고린도전서 3장 2절)

🦋 마음을 담아 정성껏 기도하기
사랑으로 품게 하소서

사랑의 주님!
십자가의 사랑으로 저를 품으셨기에 죄와 허물로 죽었던 이 죄인이 새롭게 태어나 하나님의 거룩한 백성이 되었음을 고백합니다.
제 일생이 다가도록 주님의 크신 사랑을 실천하는 삶이되게 하옵소서.
주님!
저에게 천국백성을 잉태할 수 있는 준비된 영혼을 붙여주심을 감사합니다. 영혼구원을 향한 저의 기도를 외면치 않으시는 주님의 사랑을 다시 한 번 온 몸으로 느껴봅니다.
제 마음속에 잉태된 영혼을 생각하니 더더욱 영적인 부담이 밀려오지만, 이럴 때일수록 더욱 엎드려 기도해야 된다는 책임의식을 갖습니다.

주님만을 의지하오니 영적인 출산을 잘 할 수 있도록 인도하여 주옵소서.

주님!

태신자와 자주 만남을 가져야 하는데 사랑의 접촉점이 무엇인지 잘 모릅니다. 성령님이 가르쳐 주셔서 접촉할 때마다 그 영혼을 변화시킬 수 있는 사랑의 터치를 많이 할 수 있게 하옵소서.

태신자와 관계를 열어갈 때마다 그 사람의 인격이나 행동을 보지 말게 하시고 오직 그 영혼만을 볼 수 있게 하옵소서.

건강한 영적출산을 위하여 날마다 기도의 태교에 마음을 쏟게 하시고, 영적인 잉태를 저해하는 요소는 없는지 언제나 꼼꼼히 점검해 나가게 하옵소서.

건강한 새 생명을 출산케 하실 것을 믿사오며 예수님의 이름으로 기도합니다. 아멘

기도체크

✝ 전도 꿀팁(Tip)
관계를 강화시켜야한다

태신자와 관계형성을 위한 접촉점을 찾을 때 정서를 고려한 접근방법이 필요합니다. 조셉 알드리치는 '정서가 비슷하면 전도가 쉬워진다'고 했습니다. 정서를 고려한 접근이란 상대방이 관심과 호감을 가질 수 있는 접촉방법들을 말합니다.

예컨대 취미 활동, 운동, 선물, 문자보내기, 특별음식 나눠먹기, 식사, 커피마시기, 애경사 찾아가기 등이 그것입니다.

예수님도 전도하실 때 상대방이 관심과 호감을 가질 수 있는 것들로 접근하셔서 그를 구원에 이르게 하신 것을 볼 수 있습니다.

상대방의 정서를 고려하지 않은 일방적 전도행위는 사산된 영혼만 결실할 뿐입니다.

📖 말씀을 의지함

예수께서 대답하여 이르시되 네가 만일 하나님의 선물과 또 네게 물 좀 달라 하는 이가 누구인 줄 알았더라면 네가 그에게 구하였을 것이요 그가 생수를 네게 주었으리라 여자가 이르되 주여 물 길을 그릇도 없고 이 우물은 깊은데 어디서 당신이 그 생수를 얻겠사옵나이까 우리 조상 야곱이 이 우물을 우리에게 주셨고 또 여기서 자기와 자기 아들들과 짐승이 다 마셨는데 당신이 야곱보다 더 크니이까 예수께서 대답하여 이르시되 이 우물을 마시는 자마다 다시 목마르려니와 내가 주는 물을 마시는 자는 영원히 목마르지 아니하리니 내가 주는 물은 그 속에서 영생하도록 솟아나는 샘물이 되리라

(요한복음 4장 10~14절)

🍃 마음을 담아 정성껏 기도하기
정서를 활용할 수 있게 하소서

사랑의 주님!
이 못난 죄인도 주님이 붙여주신 태신자를 품었습니다. 영혼을 사랑하는 마음으로 붙여주신 영혼을 잘 품을 수 있게 하옵소서.
태신자의 마음 문을 열고 관계를 강화시켜 나가기 위해서는 정서적 접근이 필요하다는 것을 알았습니다.
시기와 때를 놓치지 않고 잘 선용하여 태신자와 친밀한 관계를 형성해 나가게 하옵소서.
태신자와 정서적 접촉이 이루어질 때마다 성령님이 간섭하여 주셔서 서로 간에 공감대를 형성하며 조금씩 마음의 문을 열어갈 수 있게 하옵소서.

태신자에게 관심을 갖되 관심이 간섭으로 이어지는 일이 없게 하시고, 강요하거나 부담을 주는 행위는 절제하며 피할 수 있게 하옵소서.
어떤 것이든 상대방의 입장을 먼저 배려해주는 태도를 갖게 하셔서 태신자에게 좋은 감정과 호감을 심어줄 수 있게 하옵소서.
또한, 무엇을 하든지 태신자의 생각을 존중하는 태도를 보여줌으로 마음이 넓은 착한인상을 심어줄 수 있게 하옵소서.

주님!
무엇보다 사람의 마음 문이 열릴 수 있도록 주장하시는 분은 성령님이시오니, 태신자와 접촉이 이루어질 때마다 성령님이 간섭하여 주옵소서.
예수님의 이름으로 기도합니다. 아멘

기도체크

✝ 전도 꿀팁(Tip)
영적상태를 분별해야한다

우리 주변에는 알지 못하는 악한 영들에게 사로잡혀 고통 받는 자들이 너무나 많습니다.

특히 현대인들 중에는 각종 정신질환에 사로잡혀 정상적인 생활을 하지 못하는 사람들이 너무나 많습니다. 이미 주님의 사람이 된 그리스도인들도 예외가 아닌 것을 봅니다.

그러므로 전도자는 무엇보다 상대방의 영적인 상태를 잘 분별하여 전도할 수 있어야합니다.

엄밀한 의미에서 전도는 악한 영들에게 결박되어 있는 영혼들을 예수의 이름으로 풀어주고, 새 영을 받게 하여 새 생명을 얻도록 하는 것이기 때문입니다.

📖 말씀을 의지함

그 때에 너희는 그 가운데서 행하여 이 세상 풍조를 따르고 공중의 권세 잡은 자를 따랐으니 곧 지금 불순종의 아들들 가운데서 역사하는 영이라
(에베소서 2장 2절)

우리가 이것을 말하거니와 사람의 지혜가 가르친 말로 아니하고 오직 성령께서 가르치신 것으로 하니 영적인 일은 영적인 것으로 분별하느니라
(고린도전서 2장 13절)

구원의 투구와 성령의 검 곧 하나님의 말씀을 가지라 모든 기도와 간구를 하되 항상 성령 안에서 기도하고 이를 위하여 깨어 구하기를 항상 힘쓰며 여러 성도를 위하여 구하라(에베소서 6장 17~18절)

 마음을 담아 정성껏 기도하기
영적상태를 분별하게 하소서

사랑의 주님!
이미 주님의 소유된 신앙인들도 그렇듯이, 사람들은 매우 다양한 영적상태를 지니고 있음을 피부로 느낍니다.
서로 간에 관계가 소원해지고 미래가 불안한 시대를 살면서 사람들의 영적상태는 갈수록 피폐해가고 있음을 절감합니다.

주님!
메마른 정서 속에서 어둠의 주관자들과 악한 영들에게 결박되어 방황하고 있는 영혼들을 긍휼이 여기시옵소서.
참된 안식과 평안을 잃어버린 채 고통 속에서 신음하는 영혼들을 불쌍히 여기시옵소서.
저로 하여금 그들이 더 이상 악한 영들의 지배를 받

지 않도록 예수의 이름, 예수의 능력으로 결박을 풀어줄 수 있는 전도자가 되게 하옵소서.

제가 마음으로 품은 태신자도 어떤 영적상태에 놓여있는지 잘 분별할 수 있는 능력을 주셔서 태신자의 영적인 상태를 잘 살펴가며 마음의 문을 두드릴 수 있게 하시고, 항상 영적상태에 맞는 대화를 나눌 수 있게 하옵소서.

태신자가 영적으로 짓눌려 있다면 그를 위하여 더욱 기도할 수 있게 하셔서 결박된 그의 마음을 사랑과 성령의 능력으로 풀어줄 수 있게 하옵소서.

주님이 제게 붙여주신 영혼이 영적인 방황을 끝내고 주님께로 돌아오기까지 항상 사랑의 수고를 아끼지 않는 전도자가 되게 하옵소서.

예수님의 이름으로 기도합니다. 아멘

기도체크

✝ 전도 꿀팁(Tip)
대화를 잘 나눌 수 있어야한다

주님께서 사용하신 전도방법을 보면 항상 관계형성에 우선하신 것을 볼 수 있습니다.

베드로와 같은 어부를 전도하실 때에도 고기 잡는 현장으로 직접 찾아가셔서 친화관계Rapport를 형성하면서 전도하셨고, 삭개오를 전도하실 때에도 그와 함께 그의 집에 머물면서 식탁교제를 나누시며 전도하셨고, 우물가 여인을 전도하실 때에도 그녀와 친화관계를 만들면서 전도하신 것을 볼 수 있습니다.

그러므로 우리가 효과적인 전도를 하려면 상대방과 친화관계를 잘 형성하는 것이 필요한데, 거기에 절대 빼놓을 수 없는 것이 상대방과의 대화입니다.

📖 말씀을 의지함

하나님이 솔로몬에게 지혜와 총명을 심히 많이 주시고 또 넓은 마음을 주시되 바닷가의 모래 같이 하시니 (열왕기상 4장 29절)

사랑은 오래참고 사랑은 온유하며 시기하지 아니하며 사랑은 자랑하지 아니하며 교만하지 아니하며 무례히 행하지 아니하며 자기의 유익을 구하지 아니하며 성내지 아니하며 악한 것을 생각하지 아니하며 불의를 기뻐하지 아니하며 진리와 함께 기뻐하고 모든 것을 참으며 모든 것을 믿으며 모든 것을 바라며 모든 것을 견디느니라
(고린도전서 13장 4~7절)

🌸 **마음을 담아 정성껏 기도하기**

참 좋은 대화자가 되게 하소서

사랑의 주님!
준비된 영혼이 구원을 받기까지 항상 기도할 수 있게 하시고, 그 영혼을 향한 사랑의 열정이 식어지지 않게 하옵소서.
주님!
전도대상자와 복되고 유익한 만남을 유지하려면 상대방과 대화를 나누는 법도 중요하다는 것을 깨닫습니다.
저로 하여금 상대방의 마음의 문을 열 수 있는 좋은 대화자가 될 수 있도록 인도하여 주옵소서.
언제라도 정다운 대화의 상대자가 됨으로 상대방에게 푸근함을 더해줄 수 있게 하시고, 무슨 말을 하든지 끝까지 진지하게 들어줌으로 신뢰를 심어줄 수 있는 대화자가 되게 하여 주옵소서.
종교에 대하여 비판을 할지라도 변명하지 않고 고

개를 끄덕여 줄 수 있게 하시고, 누군가를 비방할지라도 그의 상한 감정을 보듬어줄 수 있는 대화자가 되게 하옵소서.

상대방에게 근심과 걱정이 있다면 정감 있는 염려로 공감하며 위로할 수 있게 하시고, 아픔이 있다면 따뜻한 위로로 용기를 심어줄 수 있는 대화자가 되게 하옵소서.

또한, 상대방이 자랑하는 것이 있으면 풍성한 칭찬을 아끼지 말게 하시며, 약점과 허물이 드러나면 못 본 척, 못 들은 척 지나칠 수 있는 대화자가 되게 하옵소서.

이런 저의 대화의 태도가 상대방의 마음의 문을 여는데 사랑의 통로가 되게 하옵소서.

예수님의 이름으로 기도합니다. 아멘

기도체크

✝ 전도 꿀팁(Tip)
감정을 다스릴 수 있어야 한다

사람에 따라 다양한 기질이 있다는 것을 기억해야 합니다.

첫째, 낙천적이며 활동적이고 사교적인 다혈질형이 있고 둘째, 감수성이 강하며 내성적이며 내향성 기질을 가진 우울질형이 있습니다. 셋째, 매우 의지적이며 적극적이고 열심이 있는 담즙질형이 있고 넷째, 자기 주관성이 없고 남의 말에 귀를 잘 기울이는 점액질형이 있습니다. 이런 기질을 가진 사람들을 우리는 전도현장에 만나고 접촉합니다.

그러므로 전도자는 어떤 기질을 가진 사람을 만나든지 자신의 감정을 잘 콘트롤control할 수 있는 지혜를 길러야만 합니다.

📖 말씀을 의지함

노하기를 더디하는 자는 용사보다 낫고 자기의 마음을 다스리는 자는 성을 빼앗는 자보다 나으니라

(잠언 16장 32절)

너희 안에 이 마음을 품으라 곧 그리스도 예수의 마음이니 그는 근본 하나님의 본체시나 하나님과 동등됨을 취할 것으로 여기지 아니하시고 자기를 비워 종의 형체를 가지사 사람들과 같이 되셨고

(빌립보서 2장 5~7절)

이 모든 것 위에 사랑을 더하라 이는 온전하게 매는 띠니라 그리스도의 평강이 너희 마음을 주장하게 하라 너희는 평강을 위하여 한 몸으로 부르심을 받았나니 너희는 또한 감사하는 자가 되라

(골로새서 2장 20절)

🍂 마음을 담아 정성껏 기도하기
감정을 잘 다스리게 하소서

사랑의 주님!
길 잃은 영혼들을 구원하시기 위하여 십자가에서 죽으시기까지 오래 참으신 주님의 크신 은혜를 생각하며 기도합니다.
전도할 때에 감정을 잘 다스릴 수 있는 전도자가 되게 하옵소서.
전도대상자 앞에서 항상 제 자신의 감정을 잘 다스릴 수 있게 하셔서, 어떤 상황이든지 온유한 모습을 보여줄 수 있는 전도자가 되게 하옵소서.

대화를 나눌 때 제 뜻과 의도대로 되지 않는다고 하여 불편한 기색을 보이지 않게 하시고, 제 말과 행동에 어떤 반응이 없어도 함께함에 감사를 표현할 수 있는 전도자가 되게 하옵소서.
자기를 자랑하며 똑똑한 척, 잘난 척하는 모습을

보여도 사랑으로 포용할 수 있게 하시고, 상처가 되는 말로 가슴을 시리게 하여도 사랑으로 품어줄 수 있는 전도자가 되게 하옵소서.
때로는 속상한 감정이 가슴을 휘감고, 답답함이 가슴을 짓누를 때, 은혜 아니면 설 수 없는 제 자신을 생각하며 찬양할 수 있게 하시고, 주님의 크신 위로를 바라보며 새 힘을 얻게 하옵소서.

저를 통하여 전도대상자가 느낄 수 있는 것은 오직 주님의 사랑과 주님의 얼굴이 되게 하시고, 한 영혼이 구원받기까지 주님의 성품만을 앞세워 사귐과 나눔을 실천해나갈 수 있게 하옵소서.
예수님의 이름으로 기도합니다. 아멘

기도체크

✝ 전도 꿀팁(Tip)
질문에 대비해야한다

전도할 때 전도대상자와 대화를 하다보면 다양한 질문이 쏟아질 수 있습니다. 답변하기에 별 문제가 없는 질문이라면 크게 문제될 것이 없겠지만 답변하기 힘든 질문일 경우 매우 난처한 상황이 벌어질 수도 있습니다.

그러므로 답변하기 어렵거나 곤란한 질문에 부딪쳤을 때를 대비하여 전도자의 준비가 필요한 것이 사실입니다.

하지만 답변을 잘하는 것보다 더 중요한 것은 전도자 자신의 인격을 보여주는 것입니다. 능숙한 화법이 상대방을 변화시키는 것이 아니라, 전도자의 인격이 상대방을 변화시킬 수 있기 때문입니다.

📖 말씀을 의지함

아무것도 염려하지 말고 다만 모든 일에 기도와 간구로, 너희 구할 것을 감사함으로 하나님께 아뢰라 그리하면 모든 지각에 뛰어난 하나님의 평강이 그리스도 예수 안에서 너희 마음과 생각을 지키시리라(빌립보서 4장 6~7절)

보혜사 곧 아버지께서 내 이름으로 보내실 성령 그가 너희에게 모든 것을 가르치고 내가 너희에게 말한 모든 것을 생각나게 하리라

(요한복음 14장 26절)

유순한 대답은 분노를 쉬게 하여도 과격한 말은 노를 격동하느니라(잠언 15장 1절)

🙏 마음을 담아 정성껏 기도하기
지혜로운 답변을 하게 하소서

사랑의 주님!
전도를 하면서 가장 당혹스러울 때가 뜻하지 않은 질문을 받을 때가 아닌가 싶습니다.
답변하기 어려운 질문들일 경우 매우 난감하고 난처할 때가 있습니다.
상대방의 질문에 답변하지 못했을 때 찾아오는 패배감은 전도하려고 했던 의욕마저 꺾이고, 자신감에 심한 상처를 입게 되는 것을 경험합니다.
더 나아가 제자신의 부족함이 너무 많은 것 같아 전도를 포기하고 싶은 마음마저 들 때도 있습니다.

주님!
전도대상자가 질문할 때마다 그에 맞는 답변을 잘할 수 있도록 제 생각과 마음을 주님의 지혜로 채워 주시옵소서.

상대방이 엉뚱한 질문을 할지라도 당혹스러워하지 않게 하시고, 그가 말하는 것을 끝까지 들어가면서 비껴갈 수 길을 찾아갈 수 있게 하옵소서.
부정적인 질문을 할 때에는 감정에 동요됨이 없게 하시고, 논쟁조로 나올지라도 맞서지 않는 태도를 보일 수 있게 하옵소서.
답변하기 힘든 질문일 때는 자신의 부족함을 솔직히 시인하게 하시며, 상대방의 이해를 정중히 구하는 겸손을 보일 수 있게 하옵소서.

주님!
잘난 것을 보여주는 전도자이기보다 사랑과 진실함을 보여줄 수 있는 전도자가 되기를 소망합니다.
예수님의 이름으로 기도합니다. 아멘

기도체크

✝ 전도 꿀팁(Tip)
동역자를 만들어야 한다

전도는 다른 사람의 협조와 동역이 반드시 필요할 때가 있습니다. 전도는 총체적인 전도전략이 제시되어야하기 때문에 어느 한가지만을 고집하며 그것에만 몰두하게 되면 실패할 확률이 매우 높습니다. 그리고 전도는 혼자 하는 것보다 함께 하는 것이 훨씬 더 효과적입니다. 그래서 성경에도 '두 사람이 한 사람 보다 낫고 서로 붙들어 줄 수 있다'고 말하고 있습니다(전4:9~11).

예수님도 제자들을 전도현장으로 보내실 때 둘씩 짝을 지어 보내셨음을 기억해야 합니다. 성경은 곳곳에서 전도할 때 동역자와 함께하는 것을 보여주고 있습니다.

📖 말씀을 의지함

두 사람이 한 사람보다 나음은 그들이 수고함으로 좋은 상을 얻을 것임이라 혹시 그들이 넘어지면 하나가 그 동무를 붙들어 일으키려니와 홀로 있어 넘어지고 붙들어 일으킬 자가 없는 자에게는 화가 있으리라(전도서 4장 9~10절)

열두 제자를 부르사 둘씩 둘씩 보내시며 더러운 귀신을 제어하는 권능을 주시고(마가복음 6장 7절)

두 사도가 오래 있어 주를 힘입어 담대히 말하니 주께서 그들의 손으로 표적과 기사를 행하게 하여 주사 자기 은혜의 말씀을 증언하시니(사도행전 14장 3절)

🙏 마음을 담아 정성껏 기도하기
함께할 동역자를 붙여주소서

사랑의 주님!
지금도 우리주님은 전도의 미련한 것으로 많은 영혼이 구원받기를 간절히 원하고 계심을 믿습니다.
많은 영혼이 구원을 받기까지 전도로 주님께 순종의 희생 제사를 드릴 수 있게 하옵소서.

주님!
전도할 때도 효과적인 영혼구원을 위해서는 함께할 수 있는 동역자가 필요하다는 사실을 깨닫습니다.
주님도 제자들을 전도의 현장으로 보내실 때 둘씩 짝지어 보내심으로 전도하게 하신 것을 봅니다.
주님의 제자들도 전도와 선교사역 에 힘쓸 때 둘씩 짝을 이루어 사역을 감당했던 것을 봅니다.
저에게도 영혼구원을 위하여 함께할 수 있는 동역자가 필요하오니 성령님이 붙여주옵소서.

그리하여 주님이 받으시고 기뻐하시는 전도를 실천해 나갈 수 있게 하옵소서.

전도하면서 서로의 단점과 약점은 보완해주며, 어렵고 힘들 때에는 서로를 도와줌으로, 끝까지 주님의 명령을 준행하는 전도를 실천 해 나갈 수 있게 하옵소서.

효과적인 전도를 위해서 필요한 지혜들을 충분히 나눌 수 있게 하시며, 더 많은 기도가 요구될 때에는 서로가 기도의 무릎이 되어줄 수 있게 하옵소서.

전도를 위하여 뛰는 열심에는 보람과 긍지를 심어주며, 영혼구원을 위해 흘리는 땀에는 따뜻한 격려로 닦아주는 동역자가 되게 하옵소서.

예수님의 이름으로 기도합니다. 아멘

기도체크

✝ 전도 꿀팁(Tip)
은사를 활용할 수 있어야 한다

믿음을 가진 자들에게는 주님이 믿음의 분량대로 은사를 주셨습니다.

그런데 그리스도인들이 착각하는 것 중에 하나가 은사를 너무 독특하게 생각하고 있다는 것입니다. 그래서 은사하면 신비적 현상이나 체험과 연관 지어 생각합니다.

그러나 주님이 주신 은사는 섬기라고 주신 것이지 뽐내라고 주신 것이 아니기 때문에 그 은사가 사람이 보기에는 지극히 보잘 것 없어 보일 수도 있습니다.

교회의 덕을 세우고 하나님께 영광 돌리는 것이라면, 질병도 하나님이 주신 은사로 생각했던 사도바울의 은사관을 기억해야 합니다(고후 12:7~10).

📖 말씀을 의지함

은사는 여러 가지나 성령은 같고 직분은 여러 가지나 주는 같으며 또 사역은 여러 가지나 모든 것을 모든 사람 가운데서 이루시는 하나님은 같으니 각 사람에게 성령을 나타내심은 유익하게 하려 하심이라(고린도전서 12장 4~7절)

우리에게 주신 은혜대로 받은 은사가 각각 다르니 혹 예언이면 믿음의 분수대로, 혹 섬기는 일이면 섬기는 일로, 혹 가르치는 자면 가르치는 일로, 혹 위로하는 자면 위로하는 일로, 구제하는 자는 성실함으로, 다스리는 자는 성실함으로, 긍휼을 베푸는 자는 즐거움으로 할 것이니라(로마서 12장 6~8절)

 마음을 담아 정성껏 기도하기

받은 은사를 활용하게 하소서

사랑의 주님!
주님은 믿는 자들에게 믿음의 분량에 따라 각양 좋은 은사도 주시는 분이심을 믿습니다.
이 죄인에게도 귀한 은사를 주셔서 주님을 기쁘시게 할 수 있는 삶을 살아갈 수 있게 하시니 얼마나 감사한지요.
전도할 때도 주님이 제게 주신 은사가 영혼을 살리고 구원하는 일에 복되게 사용될 수 있게 하옵소서.

주님!
어찌 보면 제게 있는 은사가 보잘 것 없는 것처럼 보일 때도 있습니다. 하지만 주님이 제게 꼭 필요하기에 주신 은사임을 믿습니다. 받은 은사대로 충성을 다하여 주님의 영광을 나타내게 하옵소서.

무엇보다 제게 있는 은사가 전도에 필요한 도구로 사용되게 하셔서 구원받아야 할 영혼을 주님께로 돌아오게 하는데 큰 유익이 되게 하옵소서.
이왕이면 제게 있는 은사가 전도대상자에게 유익한 것이 되기를 원합니다. 그리하여 그 영혼이 구원을 받기까지 더 잘 섬기며 봉사할 수 있는 영적 에너지가 되게 하옵소서.

주님!
제 작은 은사가 꼭 영혼구원의 문을 여는데 도움이 될 수 있게 하옵소서. 전도대상자에게 새로운 삶의 목표를 세워주는데 쓰임 받을 수 있게 하옵소서.
예수님의 이름으로 기도합니다. 아멘

✝ 전도 꿀팁(Tip)
칭찬을 아끼지 말아야한다

켄 블렌차드Ken Blanchard가 쓴 책 중에 "칭찬은 고래도 춤추게 한다"는 책이 있습니다. 동물인 고래도 칭찬과 관심을 아끼지 않으면 멋진 묘기를 만들어 낸다는 것입니다.

우리는 기도생활은 잘하는 것 같은데 사람과의 관계는 어긋나 있는 것을 봅니다. 아름다운 인간관계의 출발점은 칭찬과 격려가 아닐까 생각합니다.

성경을 보면 복음서 기자들은 기도하시는 예수님에 대해서 빼놓지 않고 기록하고 있지만, 사람을 아낌없이 칭찬하시는 예수님에 대해서도 빼놓지 않고 있습니다.

전도의 한 축을 이루고 있는 것도 칭찬과 격려임을 기억해야만 하겠습니다.

📖 말씀을 의지함

예수께서 나다나엘이 자기에게 오는 것을 보시고 그를 가리켜 이르시되 보라 이는 참으로 이스라엘 사람이라 그 속에 간사한 것이 없도다

(요한복음 1장 47절)

나도 남의 수하에 있는 사람이요 내 아래에도 군사가 있으니 이더러 가라 하면 가고 저더러 오라 하면 오고 내 종더러 이것을 하라하면 하나이다 예수께서 들으시고 놀랍게 여겨 따르는 자들에게 이르시되 내가 진실로 너희에게 이르노니 이스라엘 중 아무에게서도 이만한 믿음을 보지 못하였노라

(마태복음 8장 9~10절)

 마음을 담아 정성껏 기도하기
마음껏 칭찬하게 하소서

사랑의 주님!
아름다운 인간관계의 출발점은 칭찬과 격려라는 것을 기억합니다. 성경에도 사람들을 아낌없이 칭찬하시는 예수님에 대한 기록을 빼놓지 않고 있는 것을 봅니다.
저도 칭찬을 아끼지 않는 전도자가 되게 하옵소서. 칭찬으로 상대방의 존재를 인정해주고 자부심을 갖게 해주며 좋은 기분과 의욕을 불러일으키는 전도자가 되게 하옵소서.
칭찬을 할 때에 구체적이고 분명하게 할 수 있게 하시고, 진지하게 상대방을 존중해주며 칭찬할 수 있게 하옵소서.
또한, 남들이 보지 못하는 사소한 장점들을 찾아내서 칭찬함으로 상대방에 대한 관심도를 보여줄 수 있게 하시고, 다른 사람 앞에서도 은근히 칭찬해줌으로 전도대상자와의 친밀함도 보여줄 수 있게 하옵소서.

그의 가족이 있다면 그들에 대해서도 아낌없이 칭찬할 수 있게 하셔서 전도대상자가 자신의 가족을 더욱 사랑하고 아끼는데 도움을 줄 수 있게 하옵소서.

혹여 상대방의 부족한 점이 보이고, 잘못된 것이 보일지라도, 추한 이죄인도 사랑으로 덮으신 주님을 생각하며 은혜로 덮고 포용할 수 있게 하옵소서.

주님!
제가 하는 전도가 사람을 세워주고 일으키며 축복을 심어줄 수 있는 전도가 되기를 원합니다. 삶을 새롭게 하는 전도가 되기를 원합니다. 예수님의 이름으로 기도합니다. 아멘

기도체크

✝ 전도 꿀팁(Tip)
마음이 담긴 선물도 필요하다

상대방에게 따뜻한 마음을 전달할 수 있는 가장 좋은 매개체가 선물입니다.

지나친 선물은 상대방에게 독이 되고 부담이 될 수 있지만, 소소한 선물은 상대방의 마음 문을 여는데 많은 도움을 줄 수 있습니다.

그리고 선물은 상대방에 대한 관심과 사랑을 보여줄 수 있는 아주 좋은 표현의도구이기도 합니다.

전도를 말로만 하는 것보다, 소소하지만 전도자의 마음이 담긴 선물을 하며 전도한다면 불신영혼을 주님께로 인도하는데 큰 기쁨과 보람을 갖게 될 것입니다.

📖 **말씀을 의지함**

사람의 선물은 그의 길을 넓게 하며 또 존귀한 자 앞으로 그를 인도하느니라(잠언 18장 16절)

너그러운 사람에게는 은혜를 구하는 자가 많고 선물 주기를 좋아하는 자에게는 사람마다 친구가 되느니라(잠언 19장 6절)

한 사람의 범죄로 말미암아 사망이 그 한 사람을 통하여 왕 노릇 하였은즉 더욱 은혜와 의의 선물을 넘치게 받는 자들은 한 분 예수 그리스도를 통하여 생명 안에서 왕 노릇 하리로다(로마서 5장 17절)

🍁 마음을 담아 정성껏 기도하기
마음을 전할 수 있게 하소서

사랑의 주님!

아무 자격 없는 저를 무조건 사랑하셔서 구원을 선물로 주심을 감사합니다.

저도 주님의 무조건적 사랑을 본받아 전도대상자에게 따뜻한 마음을 전할 수 있는 전도자가 되게 하옵소서.

지나친 선물은 독이 될 수 있겠지만 마음과 정성이 담긴 작은 선물은 상대방의 마음 문을 여는데 도움이 될 수 있음을 깨닫습니다.

소소하지만, 제 작은 정성 하나 하나가 상대방에게 관심을 보여주는 사랑의 도구가 되게 하셔서, 닫힌 그의 마음을 열고 구원의 길로 인도하는데 도움이 되게 하옵소서.

지극히 소소한 것일지라도 항상 나누는 자세로 선물할 수 있게 하시고, 상대방에게 부담이 되는 것은 자제할 수 있게 하옵소서.

마음이 담긴 선물을 할 때마다 성령님도 함께하셔서 말없이 도우시는 성령님의 손길을 가슴으로 느낄 수 있게 하옵소서.

또한 억지로 하는 것이 되지 않도록 저의 마음을 항상 성령으로 충만하게 채워주시고, 전도대상자를 향해서 항상 사랑의 마음만이 앞서게 하옵소서.

주님이 저에게 주신 은사도 전도대상자에게 기쁨을 줄 수 있는 좋은 선물이 되기를 원합니다. 그를 미소 짓게 하고 그의 영혼을 새롭게 하는데 필요한 은사로 사용되게 하옵소서.

주님이 저에게 가장 좋은 친구가 되어주시듯, 저도 전도대상자에게 가장 좋은 친구가 되기를 소망합니다.

예수님의 이름으로 기도합니다. 아멘

기도체크

✝ 전도 꿀팁(Tip)
식탁교제도 나눌 수 있어야한다

조셉 알드리치Joseph. C. Aldrich는 그가 쓴 생활전도라는 책에서 전도를 할 때 '상대방의 눈높이에 맞춘 필요중심의 행동원리가 있어야 한다'고 말했습니다.

그가 말한 행동원리 중 한 가지가 식탁교제입니다. 재미있는 이야기지만 사람의 취향은 먹는 것, 받는 것, 입는 것, 즐기는 것으로 한정되어 있다고 합니다.

예수님께서도 전도하실 때 얼마나 식탁교제를 자주 하셨는지 바리새인들로부터 '먹기를 탐하는 자'라는 비난을 받기도 했습니다.

식탁교제는 서로가 더욱 친밀해질 수 있는 유용한 나눔의 도구입니다.

📖 말씀을 의지함

요한이 와서 먹지도 않고 마시지도 아니하매 그들이 말하기를 귀신이 들렸다 하더니 인자는 와서 먹고 마시매 말하기를 보라 먹기를 탐하고 포도주를 즐기는 사람이요 세리와 죄인의 친구로다 하니 지혜는 그 행한 일로 인하여 옳다함을 얻느니라 (마태복음 11장 18~19절)

또 지나가시다가 알패오의 아들 레위가 세관에 앉아 있는 것을 보시고 그에게 이르시되 나를 따르라 하시니 일어나 따르니라 그의 집에 앉아 잡수실 때에 많은 세리와 죄인들이 예수와 그의 제자들과 함께 앉았으니 이는 그러한 사람들이 많이 있어서 예수를 따름이러라 (마가복음 2장 14~15절)

🍁 마음을 담아 정성껏 기도하기
식탁교제를 나누게 하소서

사랑의 주님!
주님도 영혼을 구원하시기 위하여 식탁교제를 자주 나누셨던 것을 기억합니다.
교회도 예수님의 최후의 만찬이라는 식탁교제에서 시작되었고, 초대교회도 밥상공동체에서 시작되었음을 발견합니다.
저도 전도할 때에 전도대상자와 친밀한 교제를 위하여 식탁교제를 잘 활용할 수 있게 하옵소서.
비용적인 것 때문에 마음에 부담이 될지라도 부담은 곧 사명이라는 것을 기억하여 기쁨으로 감당할 수 있게 하옵소서.

식탁교제를 나눌 때에도 상대방의 눈높이에 맞추어 대화를 나눌 수 있게 하시고, 경솔한 말로 상대방에게 부담을 주는 일이 없게 하옵소서.

주고받는 대화 속에서 상대방과 공감할 수 있는 것들을 찾아낼 수 있게 하셔서, 서로가 마음 문을 열어 가는데 도움을 받을 수 있게 하옵소서.

식탁교제를 나눌 때마다 상대방의 성품과 생활정서도 잘 파악할 수 있게 하셔서 상대방을 배려한 대화법으로 사귐을 실천해 나갈 수 있게 하옵소서.

또한, 상대방에게 자주 신앙적인 색깔을 나타내면서 부담을 주는 일이 없게 하시고, 믿음을 강요하는 일도 없게 하여 주옵소서.

주님!

옷을 벗게 하는 것은 태풍보다 뜨거운 태양임을 것을 기억하여 언제나 다정함을 앞세워 정다운 관계를 발전시켜 나갈 수 있게 하옵소서.

예수님의 이름으로 기도합니다. 아멘

기도체크

✝ 전도 꿀팁(Tip)

간증은 복음전달의 훌륭한 도구다

전도자의 간증은 그리스도 안에 있는 전도자의 믿음을 나눌 수 있는 효과적인 도구중 하나입니다.

간증은 실제적으로 있었던 지나온 삶을 이야기 형식으로 들려주는 것이기 때문에 불신자에게 신앙의 욕구를 불러일으키는데 많은 이점을 갖고 있습니다.

그러므로 전도자가 복음을 전달할 수 있는 기회를 갖게 되었을 때 전도자자신의 간증을 들려주는 것도 훌륭한 복음전달의 효과를 가져 올 수 있습니다.

간증은 증인의 삶을 사는 사람들에게는 선택이 아니라 필수라는 것을 기억해야합니다.

📖 말씀을 의지함

내가 이 도를 박해하여 사람을 죽이기까지 하고 남녀를 결박하여 옥에 넘겼노니 이에 대제사장과 모든 장로들이 내 증인이라 또 내가 그들에게서 다메섹 형제들에게 가는 공문을 받아 가지고 거기 있는 자들도 결박하여 예루살렘으로 끌어다가 형벌을 받게 하려고 가더니 가는 중 다메섹에 가까이 갔을 때에 오정쯤 되어 홀연히 하늘부터 큰 빛이 나를 둘러 비치매 내가 땅에 엎드러져 들으니 소리 있어 이르되 사랑하는 사울아 사울아 네가 왜 나를 박해하느냐 하시거늘 내가 대답하되 주님 누구시니이까 하니 이르시되 나는 네가 박해하는 나사렛 예수라 하시더라(사도행전 22장 4~8절)

※ 사도행전에 기록된 바울의 간증 중 일부입니다.

🍁 마음을 담아 정성껏 기도하기

복음이 담긴 간증이 되게 하소서

사랑의 주님!

복음을 어떻게 전해야 하는지 고민되었는데, 전도자의 간증이 불신자에게 믿음의 눈을 열어줄 수 있는 복음의 도구가 된다니 얼마나 감사한지요.

저의 소박한 간증이 불신자로 하여금 주님을 믿고자 하는 욕구를 불러일으키는데 좋은 복음의 도구가 되게 하옵소서.

간증을 효과적으로 하려면 간증문을 작성하여 연습해보는 것이 반드시 필요함을 깨닫습니다.

저로 하여금 복음이 담긴 간증문을 잘 작성할 있도록 성령의 지혜와 감동하심을 더하여 주옵소서.

간증문을 작성 할 때 예수 믿기 전의 상태, 예수 믿게 된 경위, 예수 믿은 후의 변화된 삶이 무엇인지를 분명하게 보여줄 수 있는 간증문이 되게 하옵소서.

그리하여 저의 짧막한 간증이 상대방의 마음을 믿음으로 터치하고 신앙의 새싹을 피우게 하는데 도움이 되게 하옵소서.

혹시나 간증이 감정에 사로잡혀 자랑이나 신세타령으로 기울어지지는 않을지 걱정이 됩니다. 그때마다 성령님이 제 마음을 주장하여 주셔서 감정의 기복을 보이지 않으며, 간증을 통한 복음을 잘 전달할 수 있게 하옵소서.

무엇보다 언제 어느 때에 간증을 해야 할지 적절한 기회를 잘 포착할 수 있게 하셔서 상대방에게 불쾌한 감정을 갖게 하는 일이 없게 하옵소서.

저의 간증이 듣는 이로 하여금 주님을 만나게 하는 도구가 되기를 원하오며, 예수님의 이름으로 기도합니다. 아멘

기도체크

✝ 전도 꿀팁(Tip)
소그룹도 활용할 수 있어야 한다

물고기를 잡을 때 현명한 낚시꾼은 바늘을 하나만 사용하지 않습니다. 한 줄에 바늘을 여러 개의 사용합니다. 이것을 '주낙' 이라고 부르는데 전도할 때도 주낙 전도법을 사용할 수 있어야 합니다.
예컨대 구역(속회)나 셀Cell 같은 소그룹신앙 모임은 생활현장에서 가장 편안하게 접할 수 있는 신앙세계입니다.
전도대상자를 교회로 인도하기에 앞서 소그룹모임으로 인도하여 상대방에게 신앙의 실물을 보여주고 경험하게 한다면 교회로 인도하는데 실제적인 도움을 받을 수 있습니다.

📖 **말씀을 의지함**

날마다 마음을 같이하여 성전에 모이기를 힘쓰고 집에서 떡을 떼며 기쁨과 순전한 마음으로 음식을 먹고 하나님을 찬미하며 또 온 백성에게 칭송을 받으니 주께서 구원받는 사람을 날마다 더하게 하시니라(사도행전 2장 46~47절)

보혜사 곧 아버지께서 내 이름으로 보내실 성령 그가 너희에게 모든 것을 가르치고 내가 너희에게 말한 모든 것을 생각나게 하리라(요한복음 14장 26절)

기도를 계속하고 기도에 감사함으로 깨어 있으라 (골로새서 4장 2절)

🍂 마음을 담아 정성껏 기도하기
소그룹으로 인도하게 하소서

영혼이 전도되기를 간절히 원하시는 주님!
전도대상자에게 어떤 변화가 일어났다고 단정하긴 어렵지만 교회로 인도할 수 있는 기회를 찾고 있습니다.
하지만 무조건적으로 교회로 인도하기에 앞서 신앙의 세계를 간접적으로 경험할 수 있는 소그룹으로 인도해보기를 원합니다.
소그룹을 통하여 믿음에 대한 욕구를 불러일으킬 수 있다면 교회로 인도하는 것은 어렵지 않을 것이라는 생각을 해봅니다.
하지만 전도대상자가 강한 거부반응을 보이는 것은 아닐지 불안과 염려가 앞섭니다.
성령님이 그 마음을 만지시고 그 생각을 주장하여 주셔서 신앙의 첫걸음을 내디딜 수 있는 기회를 얻을 수 있게 하옵소서.

주님!

어떻게 말문을 열어야 할지 제 마음에는 온통 고민으로 가득합니다. 성령님을 의지하오니 저의 입술을 주장하여 주셔서 그 마음을 움직일 수 있는 성령의 언어를 제 입술에 물려주옵소서.

설득을 하되 부담을 주지 않게 하시며, 권면은 하되 강요가 되지 않게 하옵소서.

거절을 할 때에는 다음을 기약할 수 있게 하시고, 전도대상자에게도 다시 한 번 생각할 수 있는 기회를 줄 수 있게 하옵소서.

끝날 때까지 끝난 것이 아님을 기억하여 끝까지 관심을 보여주며 사랑의 교제를 지속할 수 있게 하옵소서.

하나님의 나라가 확장되기를 기뻐하시는 예수님의 이름으로 기도합니다. 아멘

기도체크

✝ 전도 꿀팁(Tip)
포기하지 말아야 한다

전도는 인내와 끈기가 필요합니다. 전도를 순순히 받아들이는 사람도 있지만, 좀처럼 전도의 문이 열리지 않는 사람도 있습니다.

그러므로 끝까지 전도대상자를 포기하지 않고 최선을 다하는 것이 주님을 닮아가는 전도자의 자세입니다.

5만 번 기도의 응답자인 조지 뮬러 George Mue-ller는 한 사람을 주님께로 인도하기 위하여 6년 동안 전도를 했습니다.

전도를 한다고 다 성공하는 것은 아닙니다. 그러나 영혼을 구원하는 전도는 실패를 해도 가치가 있다는 것을 기억하여 영혼구원을 위한 발걸음을 멈추지 말아야 합니다.

📖 말씀을 의지함

보내심을 받지 아니하였으면 어찌 전파하리요 기록된바 아름답도다 좋은 소식을 전하는 자들의 발이여 함과 같으니라(로마서 10장 15절)

우리가 선을 행하되 낙심하지 말지니 포기하지 아니하면 때가 이르매 거두리라(갈라디아서 6장 9절)

지혜 있는 자는 궁창의 빛과 같이 빛날 것이요 많은 사람을 옳은 데로 돌아오게 한 자는 별과 같이 영원토록 빛나리라(다니엘 12장 3절)

 마음을 담아 정성껏 기도하기
포기하지 말게 하소서

사랑의 주님!
주님이 저를 포기하지 않으셨기에 제가 구원받은 하나님의 자녀가 되었음을 믿고 감사드립니다.
주님이 저를 끝까지 포기하지 않고 구원해주신 사랑을 생각하며 저도 태신자로 품고 있는 전도대상자를 끝까지 포기하지 않을 수 있게 하옵소서.

주님!
영혼을 구원하는 것이 쉬운 것이면 왜 주님이 밤낮을 가리지 않고 기도하셨겠습니까?
전도가 쉬운 것이면 왜 주님이 제자들에게 명령하셨겠습니까?
뜻하지 않은 일을 수없이 경험하며 마음이 무너지는 아픔도 수없이 당할 수 있기에 명령으로 주신 것임을 깨닫습니다.

그러므로 그리스도의 군사답게 주님이 분부하신 명령을 힘을 다하여 준행할 수 있게 하옵소서.
전도대상자의 마음이 좀처럼 열리지 않을지라도 포기를 앞세우지 말게 하시고, 열매도 늦게 맺는 것이 있음을 기억하며 끝까지 전도의 문을 열어갈 수 있게 하옵소서.

전도가 잘되는 것도 은혜이겠지만 안 되는 것도 은혜라는 것을 기억하면서 어떤 상황에 놓이든지 감사하며 주님께 영광을 돌리게 하옵소서.
포기하지 아니하면 때가 이르매 반드시 거두게 하신다는 말씀을 이루실 것을 믿습니다(갈 6:9).
예수님의 이름으로 기도합니다. 아멘

기도체크

✝ 전도 꿀팁(Tip)
양모의 역할을 할 수 있어야 한다

교회로 인도한 전도대상자를 관리하고 양육하는 과정이 뒤따라야 하는데 그것을 내적인 전도라고 말합니다.

흔히 관리와 양육은 전문사역자가 하는 것이라고 생각할 수 있는데 처음으로 교회의 문턱을 밟은 전도대상자에게는 그를 인도한 전도자가 가장 좋은 양육교사입니다.

그러므로 전도자는 전도대상자가 교회로 나오면 믿음이 어느 정도 자라기까지 어머니처럼 양모의 역할을 해줄 수 있어야 합니다.

처녀는 젖이 나오지 않지만 산모는 젖이 저절로 나오듯이, 전도를 한 사람이라면 양육도 충분히 할 수 있습니다.

양육 중에 최고의 양육은 관심과 사랑입니다.

📖 **말씀을 의지함**

각각 자기 일을 돌볼뿐더러 또한 각각 다른 사람들의 일을 돌보아 나의 기쁨을 충만하게 하라
(빌립보서 2장 4절)

오직 사랑 안에서 참된 것을 하여 범사에 그에게까지 자랄지라 그는 머리니 곧 그리스도라 그에게서 온 몸이 각 마디를 통하여 도움을 받음으로 연결되고 각 지체의 분량대로 역사하여 그 몸을 자라게 하며 사랑 안에서 스스로 세우느니라
(에베소서 4장 14~15절)

갓난아기들 같이 순전하고 신령한 젖을 사모하라 이는 그로 말미암아 너희로 구원에 이르도록 자라게 하려 함이라 (베드로전서 2장 2절)

🌷 마음을 담아 정성껏 기도하기
양모의 역할을 감당하게 하소서

사랑의 주님!

부족함이 너무나 많은 이 죄인이지만, 태신자가 교회에 나오면 잘 정착하여 신앙이 자라기까지 양모의 역할을 잘 감당하게 하옵소서.

태신자가 주일을 잘 지키며 예배에 잘 참석할 수 있도록 항상 관심을 갖고 돌보게 하시고, 교회생활에 잘 적응하고 관심을 가질 수 있도록 세심한 배려를 아끼지 않게 하옵소서.

성경, 찬송가 찾는 법 등, 예배드리는데 익숙해질 때까지 항상 태신자 옆에서 수종들게 하시고, 모임과 봉사활동에도 참여하게 하여 교회생활에 대한 흥미를 갖도록 이끌어주게 하옵소서.

꾸준한 만남과 전화나 문자를 통하여 위로와 격려를 아끼지 않게 하시며, 낯설고 익숙하지 않은 교회생활에 잘 적응 하도록 용기와 자신감을 심어주게 하옵소서.

태신자가 교회에 나오는 것을 힘들어 할 경우 그의 마음을 헤아리고 보듬어 주게 하시고, 교회생활을 중단하지 않도록 충분한 이해와 설득으로 붙들게 하옵소서.

태신자에게 상처나 아픔, 오해 등이 발생할 때는 영적인 간호사가 되어서 사랑으로 감싸며 위로하게 하시고, 상담자의 역할도 잘 감당하게 하셔서, 말 못할 고민도 진지하게 들어 줄 수 있는 양모가 되게 하옵소서.

태신자가 아름다운 신앙인으로 거듭나기까지 힘을 다하여 섬기는 양모가 되기를 원하오며, 예수님의 이름으로 기도합니다. 아멘

기도체크

전도할 때 칭찬하기

- 눈이 참 맑습니다.
- 눈은 마음의 창이라고 하던데
- 손이 참 따뜻하네요.
- 마음이 따뜻한 사람은 손도 따뜻하다던데
- 늘 웃는 얼굴이 보기만 해도 행복해요.
- 당신을 보는 사람은 모두가 행복해질 것 같아요.
- 목소리가 참 부드럽고 정답습니다.
- 아나운서 해도 되겠네요.
- 사람들이 많이 좋아할 스타일입니다.
- 아마 무슨 일을 해도 성공하실 분 같아요.
- 귀가 참 복스럽게 생겼네요.
- 남의 말을 잘 들어주는 상담자가 되시면 좋겠네요.
- 늘 열심이 사시니 성공하시겠군요.
- 부지런한 사람에게 기회도 찾아온다고 합니다.

3부

길 잃은 영혼을 위한
전도무릎기도문

교회생활을 중단한 교우를 위한 기도
구원의 자리로 돌아오게 하소서

살아계신 주님!
죄악 된 세상을 방황하고 있는 저희에게 구원의 빛을 비추셔서 빛이신 주님을 좇아갈 수 있게 하시니 감사합니다.
교회를 멀리하고 있는 OOO교우를 위하여 기도하기를 원합니다. 사랑하는 OOO교우를 불쌍히 여기시옵소서. 전화를 하면 받지도 않고, 문자를 보내도 답 글도 없습니다. 찾아가도 문을 열어주지 않으며, 어쩌다 보게 되어 반가워하면 모른 척 하며 지나가버립니다.
제 마음도 너무 안타깝기만 한데, 잃은 양 한 마리를 찾아 헤매셨던 주님의 마음은 얼마나 안타까우시겠습니까?

주님!

○○○교우가 하루빨리 깨닫게 하여 주옵소서. 자신이 머물고 있는 자리가 주님을 멀리하고 있는 자리임을 깨달을 수 있게 하시고, 주님의 마음을 속상하게 하고 더욱 아프게 하는 자리임을 깨닫게 하여 주옵소서.

그럼으로 악인의 자리에 머물러 있었던 것을 회개하며 다시금 주님 앞으로 돌아올 수 있게 하여 주옵소서.

앞으로 ○○○교우가 시냇가에 심은 나무가 계절을 따라 열매를 맺듯이, 믿음의 열매들로 주님을 기쁘게 하는 삶을 살아가게 하실 것을 믿습니다.

사탄의 체취만을 맡으며 사는 삶이 아닌, 주님의 체취만을 느끼며 평화와 행복을 누리는 삶이 되게 하실 것을 믿습니다.

예수님의 이름으로 기도합니다. 아멘

기도체크

이단에 미혹된 교우를 위한 기도
이단의 무리에서 건져주소서

길과 진리요 생명이신 주님,
이단의 꾐에 넘어간 사랑하는 OOO교우를 위하여 간절히 기도합니다. 거짓된 영에 사로잡혀 있는 OOO교우를 불쌍히 여기시옵소서.
진리의 영이신 성령님께서 그 어두운 영혼을 찾아가 주셔서 다시금 온전한 진리가운데로 인도함 받을 수 있게 하옵소서.
이단사상을 가진 자는 가까이 하지도 말고 그들과 변론하지도 말아야 하는 것이 주님의 가르침인데, OOO교우는 그들을 용납함으로 사단이 쳐놓은 올무에 걸려들고 말았습니다.

주님!
우리 주님은 지금도 OOO교우를 지극히 사랑하고 계시는 줄 믿습니다. 만세전부터 작정하시고 택하신 당신의 백성인줄 믿습니다. 하루라도 빨리 사악한 이단의 무리에서 건져주시옵소서. 가족들도 ○○○교우를 설득하며 마음을 쏟아 기도하고 있습니다. 주님의 백성을 미혹하는 악한 영의 세력을 주님의 권능으로 결박하시고 멸하여 주옵소서.

주님!
○○○교우가 다시금 주님 앞으로 돌아와 오직 하나님 중심, 말씀 중심, 교회중심으로 건강한 신앙생활 할 수 있도록 이끄실 것을 믿습니다. 예배생활과 기도생활에 힘쓰며, 말씀에 순종하는 삶을 살아감으로 온전한 구원에 이르는 천국인으로 회복시켜 주실 것을 믿습니다.
○○○교우를 생명책에 기록하신 예수 그리스도의 이름으로 기도합니다. 아멘

기도체크

믿음의 뿌리를 못 내리는 교우를 위한 기도
믿음에서 실족하지 않게 하소서

저희의 믿음을 온전케 하시는 주님!
사랑하는 ○○○교우를 택하시고 구원과 영생을 얻게 하셔서 하나님의 거룩한 백성으로 삼아주시니 감사합니다.
하오나, 지금 그의 믿음이 많이 흔들리고 있습니다. 주님의 강하신 오른 팔로 굳게 붙들어 주옵소서.
사람의 뜻과 생각이 아니라 하나님의 뜻이 무엇인지를 먼저 살필 수 있는 지혜를 주시고, 감정보다 은혜의 지배를 받기 위하여 성령의 충만을 구할 수 있는 ○○○교우가 되게 하여 주옵소서.

주님!
○○○교우를 사랑하시되 지극히 사랑하시는 우리주님이심을 믿습니다.

그를 악한세력으로부터 지켜주시고, 진리를 옳게 분변할 수 있도록 진리의 영으로 충만케 하여 주옵소서.

환경에 이끌리는 신앙이 아니라 주님께 이끌림을 받는 믿음이 되게 하시고, 처음처럼 주님을 영접하고 감사하며, 결심했던 그 신앙대로 날마다 전진하며 이기고 나갈 수 있게 하여 주옵소서.

주일도 잘 지키고, 모임에도 잘 참석하며, 봉사와 섬김의 자리에도 잘 참석하여 주님을 기쁘시게 할 수 있는 OOO교우가 되게 하여 주옵소서.

믿음에서 실족하지 않고 주님이 예비하신 저 천성을 향하여 힘 있게 달려가는 OOO교우가 되게 하실 것을 믿습니다.

예수님의 이름으로 기도합니다. 아멘

 혈육의 구원을 위한 기도
구원의 문을 열어주소서

구원의 하나님을 찬양합니다.
오늘도 주님의 구원하심이 저희가정을 향하고 있음을 믿습니다.
주님 앞에 엎드릴 때마다 혈육의 구원을 놓고 부르짖어 기도하고 있습니다. 제 마음의 간절함을 우리 주님은 아시오니 혈육들이 회개하고 주님 앞으로 돌아올 수 있도록 구원의 문을 열어주옵소서.
한 형제자매끼리 서로 다른 영적세계관을 갖고 관계를 유지해 나가는 것이 너무나 힘이 듭니다. 부딪치는 것이 한두 가지가 아니며, 의견을 한데 모으고 마음을 같이하는 것도 쉽지 않습니다.

주님!
다시금 간절히 간구하오니, 혈육들이 주님 앞으로 돌아올 수 있도록 구원의 은총을 베풀어 주옵소서.

선택함을 입은 백성으로 주님의 구원하심을 노래하며, 천성을 향하여 힘찬 구원의 행진을 할 수 있도록 이끌어주옵소서.

가정마다 주님을 모심으로 천국을 이룰 수 있게 하시고, 믿음의 고백을 나누며 하나님께 영광 돌릴 수 있는 은혜로운 삶을 살 수 있게 하여 주옵소서.

주님의 구원하심을 간절히 사모하고 있사오니 속히 이루실 것을 믿습니다.

"주 예수를 믿으라 그리하면 너와 네 집이 구원을 얻으리라."(행 16:31)는 축복의 말씀이 저희 혈육들에게 이루어지게 하옵소서.

예수님의 이름으로 기도합니다. 아멘

기도체크

 부모님의 구원을 위한 기도
천국백성으로 삼아주소서

모든 사람이 구원을 받기를 원하시는 주님!
사랑하는 부모님의 구원을 위하여 기도합니다. 오늘도 주님의 구원하심은 저희가정을 향하고 있음을 믿습니다.
저희부모님의 영혼을 불쌍히 여겨 주셔서 구원의 은총을 허락하여 주옵소서.
주님이 저를 이 가정에 천국백성으로 심어놓으신 것은 이 가정을 구원하시려는 주님의 섭리가 계심을 믿습니다.
저희 식구들이 한사람도 지옥 가서는 안 될 천국백성이기에, 저를 이 가정에 구원의 자녀로 심어놓으심을 믿습니다.

주님!
저희부모님을 위하여 간구하오니, 구원의 문을 열

어주셔서 살아계실 때 주님을 영접하여 천국을 경험하는 삶을 살아갈 수 있게 하여 주옵소서.
저희부모님은 지옥 가서는 안 될 주님의 백성임을 믿습니다. 반드시 구원받아야 할 천국백성임을 믿습니다.
그 영혼을 주관하고 있는 흑암의 권세를 물리쳐주시고, 주님의 밝은 빛을 그 영혼에 비쳐주시옵소서.
이제껏 주님을 믿지 않고 허송세월 했던 것을 후회하며, 남은생애 주님을 위하여 쓰임 받는 복된 삶을 살 수 있도록 은총을 더하여 주옵소서.
주님이 작정하신 구원의 은혜가 저희가정 가운데 넘치게 하실 것을 믿사옵고 예수님의 이름으로 기도합니다. 아멘

기도체크

 남편의 구원을 위한 기도
주님을 영접하게 하소서

사랑의 주님!
저희의 모든 죄악과 저주를 십자가로 구속하시고 구원과 참 자유를 주신 주님의 은혜를 찬양합니다.
주님을 믿지 않는 남편의 구원을 위하여 기도합니다.
마치 성경의 한나와 같이 마음을 쏟아 기도하기를 쉬지 않고 있사오니 불쌍히 여기시고 긍휼을 베풀어 주옵소서.
구원받지 못한 남편을 생각할 때마다 너무나 안타깝습니다. 주님을 부인하던 남편의 입술이 변하여 구주이신 주님을 고백할 수 있게 하시고, 세상길로만 향하던 남편의 발걸음이 변하여 주님의 보좌 앞으로 향할 수 있게 하옵소서.
주님!
저에게는 남편의 구원이 가장 큰 기도제목이요 가

장 큰 소원인 것 아시죠?

이생의 안목과 육신의 정욕을 위한 것이 아니오니 저희부부가 한자리에서 주님의 성호를 찬양하고 영광 돌릴 수 있도록 축복하여 주옵소서.

하루속히 주님을 영접할 수 있게 하시고, 구원을 아는 진리에 이를 수 있게 하옵소서.

그럼으로 믿음의 눈도 뜨여져서 하나님의 자녀로 그 크신 은혜를 누리며 살아 갈 수 있게 하옵소서.

주님!

저희가정을 구원의 반열에서 버리지 않으실 것을 믿습니다.

한 믿음 안에서 천국을 향하여 달려갈 수 있는 축복의 가정으로 세워주실 것을 믿습니다.

예수님의 이름으로 기도합니다. 아멘

 자녀의 구원을 위한 기도
하늘의 진리를 붙들게 하소서

사랑의 주님!
항상 저희 가정에 구원의 빛을 비추고 계심을 감사 드립니다. 하지만 아직도 아이를 주님 앞으로 인도하지 못하여 주님의 이름을 부르기가 너무나 부끄럽습니다.
부모로서 믿음의 좋은 본을 보이지 못했기에 당연히 겪게 된 아픔인 것을 깨닫고 회개합니다. 용서하여 주옵소서.

주님!
부끄러움을 무릎 쓰고 주님께 간구하오니 주님을 믿지 않는 아이를 불쌍히 여겨주옵소서.
아이의 영혼을 성령의 능력으로 어루만져 주셔서 하루속히 회개하고 주님 앞으로 돌아오게 하여 주옵소서.

주님을 영접함으로 거듭난 새사람으로 변화되게 하셔서, 성령의 사람으로 하늘의 진리를 붙들고 주님을 좇아갈 수 있는 아이가 되게 하옵소서.

생활 속에서 주님의 은혜를 소담스럽게 담아냄으로 주님의 아름다운 덕을 선전할 수 있게 하시고, 꿈과 비전도 주님의 뜻을 따라 오롯이 세워갈 수 있는 아이가 되게 하옵소서.

주님!
주님을 알아가는 아이가 되기를 원합니다. 주님을 높이는 아이가 되기를 원합니다. 주님께 기쁨이 되는 아이가 되기를 원합니다. 주님의 영광을 드러내는데 귀하게 쓰임 받는 그릇이 되기를 원합니다.
아이에게 구원의 밝은 빛을 비추어 주옵소서.
예수님의 이름으로 기도합니다. 아멘

💗 실족하여 넘어진 교우를 위한 기도
회복의 은혜를 더하소서

긍휼이 많으신 주님!

실망하고 낙심하여 교회를 멀리하고 있는 OOO교우를 위하여 간구합니다. 그 영혼을 불쌍히 여기시고, 긍휼히 여기셔서 상처 난 마음을 어루만져 주옵소서.

교회생활도 잘하고 그토록 주님을 잘 믿었는데, 지금 그의 마음이 몹시 상하여 있고 괴로워하고 있습니다.

우리 주님이 실망과 낙심에 사로잡혀 있는 그의 마음을 찾아가 주셔서 치유의 손길로 함께하시고, 회복의 은혜를 더하여 주시기 원합니다.

그 마음을 밝혀 주사 하늘이 땅보다 높음 같이 하나님의 생각은 인간의 생각보다 높으시다는 것을 깨달을 수 있게 하시고, 하나님의 선하심과 인자하심을 깨달아 합력하여 선을 이루시는 주님의 손길을 느낄 수 있게 하옵소서.

이번 일로 인하여 더욱 주님을 힘써 찾으므로 이전에 만나지 못했던 주님을 만나게 하시고, 이전에 듣지 못했던 주님의 음성을 들을 수 있게 하여 주옵소서.

더욱 성숙된 믿음의 단계로 나아갈 수 있는 축복의 통로가 되게 하여 주옵소서.

성령님이 그 마음을 밝혀 주셔서 하나님의 영광을 보게 하시고, 믿음의 용기를 주셔서 담대한 믿음으로 이기고 승리하게 하여 주옵소서.

○○○교우를 의롭고 선한 길로 인도하실 것을 믿습니다.

예수님의 이름으로 기도합니다. 아멘

헌금으로 교회를 등진 교우를 위한기도
모든 쓸 것으로 채워주소서

자비로우신 주님!
사랑하는 ○○○교우가 헌금이 부담이 되어 교회에 나오지 않고 있습니다. 생활이 어렵고 힘든지 헌금하는 것이 그에게 많은 부담이 되었나봅니다.

주님!
은혜받기 위하여 주님의 전을 찾았다가 헌금 때문에 주님을 등진 ○○○교우를 긍휼히 여기시고, 그 영혼에 은총을 더하여 주옵소서.
무엇보다 ○○○교우의 형편을 다 아시는 우리주님이 생활고에 허덕이는 그의 가정을 붙드시고 일으켜 주옵소서.
다시는 헌금이 부담이 되어 상처를 받거나 믿음을 포기하는 일이 없도록 그의 신앙에 복에 복을 더하여 주옵소서.

○○○교우도, "나의 하나님이 그리스도 예수 안에서 영광 가운데 그 풍성한 대로 너희 모든 쓸 것을 채우시리라"(빌4:19)는 말씀을 확신할 수 있게 하셔서 더욱 성숙된 신앙의 자리로 나아갈 수 있게 하옵소서.

그의 마음에 걱정과 염려가 다 떠나고 주님을 섬기는 기쁨이 샘솟게 하시고, 주님을 위하여 사는 즐거움이 더없는 행복이 되게 하옵소서.

주님께 드리고 싶은 대로 정성껏 드릴 수 있게 하시고, 힘써서 드릴수록 영육 간에 부요케 하시는 주님의 은혜를 경험하게 하옵소서.

○○○교우가 모든 좋은 것으로 채우시는 주님의 사랑을 놓치지 않는 삶이되기를 간절히 소망합니다. 예수님의 이름으로 기도합니다. 아멘

기도체크

불화로 교회를 등진 교우를 위한 기도
은혜의 사람으로 회복시키소서

화평케 하시는 주님!
○○○교우가 다른 성도와의 관계 속에서 마음의 상처를 받아 교회를 나오지 않고 있습니다. 사랑의 주님이 그 마음을 찾아가 주시기 원합니다.
이럴 때 정말 주님의 마음을 품을 수 있는 지혜가 필요한 줄 믿습니다. 우리 주님이 그에게 깨닫는 은혜를 더하셔서 사람은 믿음의 대상이 아니라 사랑의 대상임을 깨닫는 계기가 되게 하옵소서.
자신의 감정에도 성령의 기름을 부어달라고 기도할 수 있게 하시고, 악감정이 불쑥 불쑥 솟아오를 때마다 주님의 피 묻은 십자가를 바라볼 수 있는 ○○○교우가 되게 하옵소서.

사랑이 제일 큰 은사라고 하였사오니, 그에게 사랑의 은사로 충만하게 채우셔서 상대방의 잘못과 허물을 덮을 수 있는 은혜의 사람이 되게 하옵소서.
식어진 주님과의 관계도 은혜의 단비를 내려주셔서 이전보다 더 친밀한 관계로 회복될 수 있게 하시고, 더 깊은 주님과의 교제를 갈망할 수 있는 OOO 교우가 되게 하옵소서.
주님의 교회를 사랑하는 마음도 이전보다 더 깊어지게 하셔서, 더 진실한 마음으로 섬기게 하시며, 더 뜨거운 마음으로 봉사할 수 있게 하옵소서.
자신에게는 아무유익이 없어도 주님을 위해서라면 모든 것을 참고 견디며, 주님만을 바라고 의지할 수 있는 OOO교우가 되게 하옵소서.
예수님의 이름으로 기도합니다. 아멘

태신자전도일지

성 명		성 별	
생년월일		직 업	
전 화		휴대폰	
주 소			
성 격		생활형편	상위 중위 하위
종 교		특 징	

가 족 상 황

관 계	이 름	생년월일	휴대폰

날 짜	전도대상자 접촉일지	반응
반 응	아주 좋음(　) 좋음(　) 안 좋음(　) 아주 안 좋음(　)	